지은이
JBOOKS 편집부

JBOOKS 편집부는 일상생활에서 작은 즐거움을 찾는 독자를 위해 다양한 라이프스타일을 소개하는 실용서를 만드는 팀이다. 특히 그릇, 식재료, 옷, 책 등 자신의 주변을 조금만 둘러봐도 좋아하는 물건이나 대상이 있기 마련이라며, 이를 더 잘 활용해 쓰는 법을 정리하여 한 권의 책으로 엮어내는 중이다.

이번《탐나는 보틀 쿠킹》에서는 훌륭한 기능에 모양까지 예쁜 저장용 유리병에 담아 만드는 건강한 반찬, 조미료, 소스, 발효 음식 등의 레시피를 소개한다.

옮긴이 **김상애**

동경제과학교 양과자 본과, 빵과 본과를 졸업한 후 제과제빵 전문 월간지〈파티시에〉편집부에서 기자, 출판부 팀장을 거쳐 편집부장으로 일했다. 현재 프랑스, 일본 각지의 유명 빵·과자 탐방 관련 원고를 기고하고 있으며 옮긴 책으로《가스트로노미, 프랑스 미식혁명의 역사》《탐나는 케이크 1, 2》《지속력 - 끈기 없는 우리 아이 좋은 습관 만들기 프로젝트》《C.BONBON의 탐나는 아이싱 쿠키》가 있다.

생활 속 작은 사치를 만나다
"탐나는" 스타일 시리즈

- 트렌디한 푸드, 패션, 뷰티, 인테리어 아이템을 소개합니다.
- 최소 비용으로 최대 효과를 낼 수 있는 팁을 담았습니다.
- 남다른 안목을 가진 각 분야 최고의 저자를 라인업합니다.

※《탐나는 시리즈》가 더 궁금한 분은 블로그를 방문해주세요.
탐나는 스타일 블로그 : blog.naver.com/verytam

"탐나는" 보틀 쿠킹

《BIN DE HOZON SURU, OISHIKUNARU. SIMPLE LIFE NO, SHUNKASHŪTŌ TSUKURIOKI》
by JBOOKS HENSHŪBU
© Kobunsha Co., Ltd., 2016
All rights reserved.
Original Japanese edition published by Kobunsha Co., Ltd.
Korean translation rights arranged with Kobunsha Co., Ltd.
through LINKING-ASIA INTERNATIONAL INC.

이 책의 한국어판 저작권은 연아 인터내셔널을 통한 Kobunsha Co., Ltd. 와의 독점 계약으로 ㈜비전비엔피에 있습니다.
저작권법에 의해 한국 내에서 보호를 받는 저작물이므로 무단전재와 복제를 금합니다.

"탐나는" 보틀쿠킹

JBOOKS 편집부 지음
김상애 옮김

이덴슬리벨

Prologue

유리병 하나만 있어도
더 효율적으로, 더 맛있는
요리가 완성됩니다

병 샐러드처럼 예쁜 외형으로 관심을 끌게 된 저장용 유리병.
그 진가는 무엇보다도 요리하기가 한결 편하고 맛이 좋아진다는 데 있습니다.

바쁜 현대인에게 '만들어두고' 먹는 것이 당연한 요즘,
유리병 하나만 있으면 식탁에 등장하는 반찬이 아주 특별해집니다.

제철 식재료를 다른 계절에도 맛있게 먹고 싶다는 바람으로 생겨난 저장식 문화.
정확히 말하면 맛있는 그대로 저장하는 게 아니라, 저장하면 오히려 더 맛있어집니다.
부패를 막기 위해 사용하는 소금, 식초, 설탕 등의 조미료에 의해 식재료가 숙성되어 감칠맛이
더해지니까요. 유리병에 비치는 빛이 식재료에 생기를 부여해 보기만 해도 맛있게 느껴집니다.
만들어두면 그대로 먹을 수도 있고, 밑손질 없이도 요리의 맛이 한층 깊어져요.

자, 식재료가 맛있을 때 그 맛을 병 속에 담아봅시다.

> Contents

prologue 5

우리 집 보틀 쿠킹 레시피

첫 번째, 요리사의 보틀 쿠킹 • 사루보 쿄코

우리 집 대표 병조림 메뉴

소금 레몬 17 | 소금 레몬을 더한 닭 양배추 조림 18 | 버섯 페스토 20 | 콜리플라워와 치즈를 넣은 버섯 페스토 21

아보카도와 햄 페스토 22 | 닭 모래집 콩피 23 | 크림치즈와 너트, 스파이스 페스토 24

나만의 비밀 조미료

너트 참깨 소금 • 파슬리 레몬 소금 • 쿠민 후추 소금 25

스파이시 레드와인 비니거 • 과일 향의 허브 비니거 • 럼 풍미의 발사믹 비니거 26

스파이시 오일 • 드라이 토마토 풍미의 마늘 오일 • 하리사풍 오일 27

두 번째, 요리 연구가의 보틀 쿠킹 • 오오바 에이코

미리 만들어두는 요리의 베이스

마파 베이스 35 | 마파 당면 36 | 매콤달콤한 한국풍 소고기 볶음 37 | 매콤달콤한 가지 튀김 38 | 카파오 베이스 39

카파오 라이스 40 | 된장 볶음밥 베이스 41 | 된장 볶음밥 42

나만의 비상 채소 조림

당근 라페 • 맛국물에 절인 가지 튀김 • 톳과 명란젓 페페론치노 44

풋콩 소금 절임 • 레몬 풍미의 흰 강낭콩 조림 • 배추 소금 절임 45

세 번째, 건강 요리 교실 운영자의 보틀 쿠킹 • 다카하시 키미

병에 담은 발효식품

블랙베리 효소 주스 51 | 홈메이드 현미 유산균 52 | 유산균 두유 요구르트 53

맛도 건강도 더 좋아지는 병조림

두반장 55 | 두반장을 곁들인 율무와 채소 튀김 56 | 애호박과 두반장 초절임 57

네 번째, 푸드스타일리스트의 보틀 쿠킹 • 츠가네 유키코

허브와 유리병
로즈메리 올리브오일 절임 • 과일 탄산수 65 | 바질 페스토 66

병에 담은 새로운 된장
꿀과 깨 된장 69 | 마늘과 차조기 된장 70

보틀 케이크와 디저트
두유 메이플 푸딩 73 | 쌀가루로 만든 당근 스파이스 케이크 74 | 그래놀라 • 스트라이프 아이스크림 75

TIP 1 _ 병 꾸미는 법 76 | TIP 2 _ 병에 담으면 더 예쁜 과일과 채소 77 | TIP 3 _ 바다의 향을 품은 병조림 79

다섯 번째, 가정주부의 보틀 쿠킹 • 츠바타 히데코

집에서 직접 만드는 계절의 맛
토마토소스 91 | 복숭아 콩포트 92 | 하귤 마멀레이드 93

건강을 위해 직접 만든 맛국물
1·2번 맛국물 95

CATALOGUE _ 기능과 디자인으로 선택하는 유리병
동양글라스 97 | 웩 WECK 98 | 보르미올리 로코 BORMIOLI ROCCO 100 | 킬너 KILNER 102

르 파르페 LE PARFAIT • 루이지 보르미올리 LUIGI BORMIOLI 104

COLUMN _ 유리병을 더 잘 쓰기 위한 팁
유리병 탈기하기 106 | 조리하면서 탈기도 할 수 있는 메뉴 107 | 유리병 하나만 있으면 완성되는 메뉴 109

사계절 보틀 쿠킹 레시피

봄

레몬
레몬 콩피 117 | 돼지 등심 소테 118 | 쿠스쿠스 샐러드 119

죽순
죽순 오일 절임 121 | 죽순과 해산물 마리네 122 | 죽순 필래프 123

머윗대
머윗대 조림 125 | 머윗대 밥 126 | 머윗대와 튀긴 두부 조림 127

산초
산초 소금 절임 • 산초 간장 절임 129 | 꽁치 산초 조림 130 | 잔멸치 산초 볶음 131

꼴뚜기
꼴뚜기 오일 절임 133 | 꼴뚜기 토마토 파스타 134 | 꼴뚜기 파테 135

여름

매실
매실 장아찌 139 | 채소 무침 140 | 매실주 • 돼지고기 매실주 조림 141 | 매실 시럽 142 | 매실 물만주 143

옥수수
옥수수 퓌레 145 | 콘 브레드 146 | 콘 수프 147

루바브
루바브 잼 149 | 돼지고기 소테 150 | 바게트 샌드위치 151

양하와 차조기
양하 단촛물 절임 • 차조기 된장 절임 153 | 돼지고기 양하 구이 154 | 차조기 된장 볶음밥 155

전갱이와 정어리
안초비풍의 전갱이 절임 • 정어리 오일 절임 157 | 정어리 오일 절임 덮밥 158 | 안초비 감자 샐러드 159

가을

양배
양배 스파이시 콩포트 163 | 소고기 조림 164 | 초콜릿 팬케이크 165

고구마
고구마 퓌레 167 | 고구마 뇨끼 168 | 고구마 그라탱 169

밤
밤과 메이플 콩포트 171 | 보틀 티라미수 172 | 돼지갈비 구이 173

버섯
버섯 마리네 175 | 버섯 감바스 176 | 닭 간 페스토 177

꽁치
매콤달콤한 꽁치 볶음 179 | 비빔 탄탄면 180 | 마파두부 조림 181

겨울

사과
사과 캐러멜리제 185 | 돼지고기 롤 구이 186 | 사과 컵케이크 187

귤
귤 콩포트 189 | 닭다리살 귤 오븐 구이 190 | 귤 젤리 191

연근과 우엉
연근과 우엉 된장 절임 193 | 된장 고등어조림 194 | 뿌리채소 무침 195

대파
대파 마리네 197 | 판체타 수프 198 | 방어 찜 199

대구
대구 오일 절임 201 | 대구 크로켓 202 | 대구 찜 203

우리 집
보틀 쿠킹 레시피

바쁜 현대인에겐 '반찬 미리 만들어두기', '조미료 저장해두기', '식재료를 발효시켜 건강하게 먹기' 등이 무엇보다 중요합니다. 이때 사용하는 저장용 유리병은 생활에 무척 유용하지요. 우리에게 맛과 편리함, 건강은 물론 식탁에서의 즐거움과 놀라움까지 선사하는 유리병은 마법의 그릇입니다. 플라스틱과는 다른 훌륭한 조리도구이자 모양까지 아름다워 그릇으로도 더할 나위가 없습니다. 음식을 보존할 수 있다는 기본적인 기능 외에도 다양한 쓰임새가 있답니다.

유리병의 다른 가능성에도 눈을 돌려보세요. 식탁이 더욱 풍성해질 겁니다. 우선 저장병과 함께하는 5인의 생활과 손수 만든 비장의 요리부터 만나봅시다.

첫 번째

요리사의
보틀 쿠킹

사루보 쿄코

요리사인 숙모에게서 요리를 배웠습니다. 프랑스에서 요리 공부를 한 뒤 귀국해 어시스턴트 등을 거쳐 지금은 자신만의 요리를 선보이고 있습니다. 저서로는 《술을 부르는 맛있는 안주》 외 여러 권이 있습니다.

"평소에도 나만의 오리지널 조미료 몇 가지를 만들어 저장용 유리병에 담아둡니다. 유리병은 삶은 달걀이나 별것 아닌 음식, 흔한 식재료들을 특별하게 만들어줄 뿐만 아니라 식탁 위에 놓아두는 것만으로도 사람들의 입가에 맛있는 미소를 번지게 하기 때문이지요."

현대 생활과 저장용 유리병

유리병은
습기로부터 식재료를 지켜주는
뛰어난 용기입니다

"스파이스나 조미료, 가루부터 마른 재료까지 모두 유리병에 옮겨 담아요."
쿄코 씨의 부엌에는 크고 작은 병들이 즐비합니다. 프랑스의 르 파르페 사 제품을 주로 쓰는데, 완벽하게 밀폐가 되고 뚜껑이 평평해서 여러 개의 병을 쌓을 수 있기 때문에 편리하다고 합니다. 파테(고기나 간을 갈아 반죽하여 빵 등에 발라 먹는 음식)나 테린(생선 등을 잘게 갈아 조미하여 찐 요리), 콩피(주로 육류를 자체 지방에 절인 요리) 등 매일매일 만드는 요리를 저장할 때도 적극 활용하고 있습니다. 그녀가 요리를 만들고 저장한 그대로 식탁에 올릴 수 있는 건 모양이 예쁜 유리병이기 때문이지요.

일반적으로 저장이라고 하면 오래 두고 먹는 것을 떠올리지만 쿄코 씨는 단시간에 맛있게 먹을 수 있는 요리를 주로 만듭니다. 냉장 기술이 발달한 요즘 시대에 억지로 저장을 하는 건 그다지 현실적이지 않기 때문이라는군요. 말 그대로 그녀가 만드는 요리와 활용한 유리병은 현대 생활에 밀접한 것이 많았습니다. 오늘은 몇 가지 오리지널 조미료가 병에 담겨 식탁 위에서 반짝반짝 빛나고 있습니다.
"사용하는 병의 종류에 따라 다채롭게 변화하는 요리의 즐거움을 맛보았으면 해요. 그날그날의 구성원이나 요리에 따라 배합을 달리하는 것 또한 정말 두근거리는 작업이에요."

우리 집 대표
병조림 메뉴

CASE 01 · Salbo Kyokot

요리의 재료로 쓰거나 그대로 먹을 수 있게 계절의 맛있는 식재료를 간단히 조리해서 저장병에 담아보세요. 버섯과 레몬 병조림은 쿄코 씨의 시그니처 메뉴입니다.

> 기본 레시피

소금 레몬

재료 500㎖ 저장병 1개 분량

왁스 코팅되지 않은 레몬 3개
천일염(레몬 무게의 25%)

만드는 법

1 레몬은 씻어서 5㎜ 두께의 통으로 썬다.

2 볼에 ①과 천일염을 넣고 전체를 섞은 후 10분 정도 절인다.

3 저장병에 ②를 담고 뚜껑을 닫은 다음 하루 동안 숙성시킨다(여름철에는 냉장고에 보관).

4 ③에 물을 적당량(분량 외) 넣고 다시 뚜껑을 닫은 다음 하루 이상 숙성시킨다.

STOCK 냉장고에서 2주 저장 가능

> 응용 레시피

소금 레몬을 더한 닭 양배추 조림

재료　2인분

- 닭다리살 2장
- 소금 1작은술
- 올리브오일 1큰술
- 심을 제거하고 크게 썬 양배추 1/2개
- 소금 레몬 3장
- 타임 2줄기
- A ┌ 물 1컵
  　└ 소금 레몬 절인 물 2큰술
- 후추 적당량

만드는 법

1. 닭다리살은 껍질 부분에 포크로 몇 군데 구멍을 내고 소금을 뿌린다. 1시간 정도 절였다가 키친타월로 물기를 제거한다.
2. 냄비에 올리브오일을 두르고 중간 불에서 ①의 껍질 부분부터 굽는다. 바삭하게 구워지면 뒤집고 색이 변할 정도까지만 구운 후 꺼낸다.
3. ②에서 나온 기름을 키친타월로 닦아내고 양배추, 반으로 자른 소금 레몬, 타임을 넣는다. 냄비에 닭다리살 껍질이 위를 향하도록 넣은 다음 A를 부어 뚜껑을 덮고 중간 불에서 조린다.
4. 끓기 시작하면 약한 불로 줄이고 타지 않도록 중간중간 뚜껑을 열어 전체를 섞어주면서 12분 정도 조린다. 그릇에 담고 후추를 뿌린다.

병 속에서 단시간에 맛있어집니다

간단한 재료로 조리해도 각각의 식재료가 병 속에서 녹아들어 시간이 지날수록 숙성된 맛이 납니다.
"만들 때마다 요리의 맛이 조금씩 달라져요. 짧은 시간에 생기는 이런 변화가 놀랍죠. 저장병을 활용한 조리에는 항상 새로운 발견이 있습니다."

> 기본 레시피

버섯 페스토

재료 250㎖ 저장병 1개 분량

만가닥버섯 2팩(200g)
양송이버섯 12개(150g)
마늘 작은 것 1쪽
A ┌ 소금 1작은술
  └ 올리브오일 2큰술
올리브오일 3큰술

만드는 법

1. 만가닥버섯과 양송이버섯은 밑동을 제거하고 마늘과 함께 푸드프로세서에 넣어 곱게 간다.

2. 프라이팬에 ①과 A를 넣고 약한 불에서 볶는다. 버섯에서 물이 나오면서 숨이 죽으면 중간 불로 올리고 수분을 날려 보내듯이 볶는다.

3. 저장병에 ②를 가득 담고 올리브오일을 부은 다음 뚜껑을 닫는다.

STOCK   냉장고에서 6일 저장 가능

> 응용 레시피

콜리플라워와
치즈를 넣은 버섯 페스토

재료 2인분

신선한 콜리플라워 5~6송이
간 파르미지아노 레지아노 치즈 적당량
버섯 페스토 40g
올리브오일 1큰술
소금 적당량

만드는 법

1 콜리플라워는 세로로 얇게 썰어 접시에 담고 파르미지아노 레지아노 치즈를 올린다.

2 버섯 페스토와 올리브오일을 섞어 ①에 올린 후 소금을 뿌린다.

특제 레시피

아보카도와 햄 페스토

재료 200㎖ 저장병 1개 분량

아보카도 작은 것 1개
로스햄 슬라이스한 것 2장
A ┌ 레몬즙 1작은술
  │ 소금 1/3작은술
  └ 올리브오일 1/2큰술

만드는 법

1 푸드프로세서에 껍질과 씨를 제거한 아보카도, 적당한 크기로 찢은 로스햄, A를 넣고 간다.

2 저장병에 담고 뚜껑을 닫은 다음 냉장고에서 숙성시킨다.

STOCK 냉장고에서 3~4일 저장 가능

특제 레시피

닭 모래집 콩피

재료 500㎖ 저장병 1개 분량

닭 모래집 13개
마늘 1쪽
월계수 잎 2장
소금(닭 모래집 무게의 1%)
올리브오일과 식용유(1:1 배합) 적당량

만드는 법

1 닭 모래집은 반으로 썬다. 마늘은 길게 2등분해서 눌러 으깬다.

2 비닐봉지에 ①과 적당한 크기로 찢은 월계수 잎(1장), 소금을 넣고 버무려 전체에 소금 간이 배게 한다. 비닐봉지 속 공기를 빼고 입구를 묶은 다음 냉장고에서 하룻밤 숙성시킨다.

3 ②를 트레이에 옮겨 키친타월로 수분을 제거한 다음 마늘, 월계수 잎과 함께 냄비에 넣는다. 올리브오일과 식용유를 잠길 정도까지 붓는다. 뚜껑을 덮고 약한 불에서 너무 끓지 않도록 확인하면서 1시간 정도 조린 다음 식힌다(100℃ 이하의 기름 온도에서 조린다. 너무 끓으면 불을 끄고 온도가 100℃ 이하가 될 때까지 기다린다).

4 저장병에 ③의 닭 모래집을 담고 오일의 맑은 윗부분만 거름망에 걸러 닭 모래집이 잠길 정도까지 붓는다. 오일이 모자랄 경우에는 새로운 오일을 채우고 뚜껑을 닫아 하룻밤 숙성시킨다.

STOCK 냉장고에서 2주 저장 가능

> 특제 레시피

크림치즈와
너트, 스파이스 페스토

재료 200㎖ 저장병 1개 분량

호두 20g
쿠민 씨 1작은술
크림치즈 150g
올스파이스(향신료의 일종) 1/2작은술
다진 건포도 10g

만드는 법

1 오븐 시트를 깐 철판에 호두와 쿠민 씨를 펼쳐 올리고 150℃로 예열한 오븐에서 10분간 굽는다. 한 김 식으면 호두는 잘게 썰고 쿠민 씨는 절구에 빻아 가루를 낸다.

2 볼에 크림치즈를 넣고 고무 주걱으로 부드럽게 푼 다음 ①과 올스파이스, 건포도를 넣고 잘 섞는다.

3 저장병에 담고 뚜껑을 닫은 다음 냉장고에서 숙성시킨다.

STOCK 냉장고에서 6일 저장 가능

나만의 비밀 조미료

요리에 변화를 주는 소금, 비니거, 오일.
조금씩 사용하는 조미료는 플라스크 모양의 유리병에 담으면 편리합니다.

너트 참깨 소금

오븐 시트를 깐 철판에 호두 20g과 아몬드 슬라이스 10g을 펼쳐 올린다. 150℃로 예열한 오븐에서 10분간 구운 다음 잘게 썬다. 완전히 식으면 천일염 100g과 간 참깨 2큰술을 섞어 저장병에 담고 뚜껑을 닫는다.

MEMO 너트를 넣어 맛의 깊이와 고소함, 식감을 더했다. 담백한 요리, 개성 있는 식재료와도 잘 어울리는 만능 소금이다.

STOCK 실온에서 2주 저장 가능

파슬리 레몬 소금

다진 파슬리 잎 6g, 왁스 코팅되지 않은 다진 레몬 껍질 1/2개, 결정 있는 소금 150g을 섞는다. 저장병에 담고 뚜껑을 닫는다.

MEMO 파슬리와 레몬의 풍미로 해산물이 한층 신선하게 느껴진다. 튀김, 프리터 등 튀기는 요리나 크림 계열의 파스타와도 잘 어울린다.

STOCK 실온에서 2주 저장 가능
(여름철에는 냉장 보관)

쿠민 후추 소금

오븐 시트를 깐 철판에 쿠민 씨 1작은술을 펼치고 150℃로 예열한 오븐에서 10분간 구운 다음 절구에 빻아 가루를 내 완전히 식힌다. 천일염 150g은 굵게 간 후추 1큰술을 넣고 섞은 다음 저장병에 담고 뚜껑을 닫는다.

MEMO 고소하게 구운 쿠민 씨를 넣으면 에스닉풍 요리가 된다. 오믈렛, 찌거나 데친 채소, 고기나 생선 소테와도 잘 어울린다.

STOCK 실온에서 2주 저장 가능

Herb Vinegar

스파이시 레드와인 비니거

작은 냄비에 레드와인 비니거 150㎖, 시나몬 스틱 1/2개, 클로브(정향) 2개를 넣고 잔거품이 일면서 끓을 때까지 약한 불에 가열한다. 완전히 식으면 저장병에 담고 뚜껑을 닫는다.

MEMO 향이 강한 향신료는 재료의 잡냄새를 없애준다. 가다랑어나 뿌리채소 요리에 사용하면 좋다.

STOCK 실온에서 2주 저장 가능

과일 향의 허브 비니거

작은 냄비에 쌀식초(또는 화이트와인 비니거) 150㎖, 로즈메리 1/2줄기, 오렌지 껍질 1/5개를 넣고 잔거품이 일면서 끓을 때까지 약한 불에 가열한다. 완전히 식으면 저장병에 담고 뚜껑을 닫는다.

MEMO 과일 맛과 향이 나는 재료는 요리를 한층 신선하고 화사하게 해준다. 흰살생선의 카르파초(얇게 썬 날고기에 소스를 곁들인 요리) 등에 사용하면 좋다.

STOCK 실온에서 2주 저장 가능 (여름철에는 냉장 보관)

럼 풍미의 발사믹 비니거

저장병에 발사믹 식초 150㎖, 잘게 썬 세미드라이 프룬(말린 서양자두) 2개분, 럼 1/3작은술을 넣고 뚜껑을 닫는다. 가끔 흔들어주면서 하룻밤 숙성시킨다.

MEMO 농후한 단맛이 붉은 과일 마리네(고기나 채소를 식초·오일·향신료 등을 섞어 만든 즙에 담그는 조리법)와 잘 어울린다. 과즙이 풍부한 요리가 완성된다.

STOCK 실온에서 2주 저장 가능

Herb Oil

스파이시 오일

작은 냄비에 잘게 썬 건새우 4마리, 얇게 저민 생강 3장, 팔각(향신료로 쓰이는 별 모양의 열매) 1개, 참기름 200㎖를 넣고 잔 거품이 일면서 끓을 때까지 약한 불에 가열한다. 완전히 식으면 저장병에 담고 뚜껑을 닫는다.

MEMO 중화풍의 향긋하고 고소한 오일(참기름)이다. 만두 등의 딤섬이나 중국 냉면에 사용하면 본고장에 가까운 맛을 낼 수 있다.

STOCK 실온에서 2주 저장 가능

드라이 토마토 풍미의 마늘 오일

작은 냄비에 껍질째 반으로 길게 썬 마늘 1쪽, 월계수 잎 1장, 올리브오일 200㎖를 넣고 약한 불에서 가열한다. 잔거품이 일면서 끓기 시작하면 잘게 썬 드라이 토마토 1작은술을 넣는다. 완전히 식으면 저장병에 담고 뚜껑을 닫는다.

MEMO 끼얹기만 해도 이탈리아풍 요리가 된다. 파스타나 샐러드, 모차렐라 치즈와 잘 어울린다.

STOCK 실온에서 2주 저장 가능 (여름철에는 냉장 보관)

하리사풍 오일

쿠민 씨 2작은술, 고수 씨 1작은술을 150℃로 예열한 오븐에 10분간 구운 다음 절구에 빻아 가루로 만든다. 고춧가루 1작은술, 다진 마늘 1쪽을 넣고 섞는다. 저장병에 담고 올리브오일 200㎖를 부어 완전히 식으면 뚜껑을 닫는다.

MEMO 알싸하게 매운맛의 오일이다. 평범한 요리가 자극적인 한 그릇으로 재탄생한다.

STOCK 실온에서 2주 저장 가능

- **하리사** : 홍고추를 재료로 한 북아프리카의 소스.

두 번째

요리 연구가의
보틀 쿠킹

오오바 에이코
평범한 식재료와 조미료를 사용한 자연주의 레시피로 평판이 높아 잡지, 신문, 광고 등 다양한 분야에서 맹활약 중입니다. 저서로 《기본부터 시작하는 맛있는 두부 요리 수첩》이 있습니다.

"병뚜껑만 꽉 닫아 놓으면 요리의 색도 향도 변하지 않아요. 씻으면 다시 깨끗해지고, 튼튼하여 오래 쓸 수 있으니 병은 정말 뛰어난 저장 용기입니다. 그래서 바로 먹을 채소나 금방 반찬을 만들어낼 수 있는 베이스 10종류 정도를 담아 항상 냉장고에 구비해둡니다."

매일 식탁에 오르는 병조림 채소

저녁 식사에,
도시락에, 술안주로.
'베이스'가 있으면 빨리 만들 수 있어요

특별한 건 아무것도 사용하지 않았지만, 처음부터 끝까지 맛있고 행복한 기분이 드는 에이코 씨의 요리. 냉장고에는 이런 몇 가지 요리가 유리병에 담겨 가지런히 저장되어 있습니다.

"20년 전부터 우리 집에서는 음식을 저장할 때 병을 사용하고 있어요. 어느 날 발견한 동양글라스 사의 입구가 넓은 병에 반한 뒤 지금까지 셀 수 없을 만큼 많은 병을 구입했지요. 씻기 편리하고 요리를 담기도 쉬워서 정말 사용하기 좋답니다."

병 안에 채워 넣는 요리는 대부분 기본적으로 먹는 반찬입니다. "만들어두면 바쁠 때, 혹은 손님이 갑자기 오거나 반찬이 부족할 때 편리해요. 예를 들어 여름에는 가지, 겨울에는 콩 등 좋아하는 재료로 만들어 반드시 냉장고에 넣어두죠."
그대로 먹는 채소나 금방 만들어내는 '반찬의 베이스'도 다양한 응용이 가능하도록 심플하게 조리해두는 것이 에이코 씨의 비법입니다.

"병은 조금 험하게 다뤄도 쉽게 안 깨지고 데우거나 얼려서 쓸 수 있어요. 매일 병을 쓰는 제게 그 튼튼함은 정말 고마울 따름이죠."

도시락에 담는 반찬으로

"도시락을 싸서 외출하는 일은 거의 없지만 갑자기 나가게 되면 가족들을 위해 도시락을 만들어둘 때가 있어요"라는 에이코 씨의 도시락에는 알록달록한 반찬이 한가득 들어 있습니다. "연어와 달걀을 굽고 브로콜리는 데치기만 해서 나머지는 병조림 요리를 조금 넣어 완성해요. 편리하죠?" 깔끔한 맛이 나는 반찬이라 각 재료를 섞는 것도 자유자재로 가능하고, 또 숙성된 상태라서 금방 만든 것보다 맛이 배어 훨씬 맛있습니다.

가볍게 한잔하는 술안주로

술을 마실 때 이것저것 안주가 갖춰져 있으면 술자리가 더욱 즐거워집니다. 이때도 병조림이 크게 한 몫을 합니다. 에이코 씨 집의 저녁 반주에는 술안주가 차례차례 등장해 순식간에 상이 풍성해집니다. 다양한 맛을 내는 그녀의 요리는 모든 술과 잘 어울리는 매력이 있습니다. "일본풍의 병조림에 치즈를 곁들이면 와인과 어울리는 안주가 돼요. 그래서 요리는 심플하게 만들어두는 게 때론 더 중요하지요."

미리 만들어두는
요리의 베이스

CASE 02 · Oba Eiko

평소에 손이 많이 가는 요리는 필요한 베이스를 미리 만들어둡니다. 여기에 식재료를 더하면 눈 깜짝할 새에 요리가 완성되지요. 병에 저장하게 되면 맛이 조화롭게 스며들어 더 깊은 풍미가 나는 장점까지 있습니다.

> 기본 레시피

마파 베이스

재료 500㎖ 저장병 1개 분량

식용유 1큰술
다진 돼지고기 400g
다진 마늘 1큰술
다진 생강 1큰술
다진 대파 100g
두반장 1/3~1큰술
춘장 1과 1/2큰술
청주 1/3컵
물 1/2컵
A ┌ 설탕 1과 1/2큰술
  └ 간장 6큰술
참기름 1큰술

만드는 법

1 프라이팬에 식용유를 두르고 중간 불에서 다진 돼지고기를 풀어주듯이 볶는다. 보슬보슬한 상태가 되면 마늘, 생강, 대파를 넣는다. 향이 나기 시작하면 두반장, 춘장을 넣고 타지 않게 볶는다.

2 ①에 청주와 물을 넣고 끓어오르면 A를 넣는다. 다시 끓어오르면 뚜껑을 덮고 약한 불에서 10분간 조린 다음 마지막에 참기름을 두른다. 식으면 저장병에 담고 뚜껑을 닫는다.

STOCK 냉장고에서 3~4일 저장 가능

> 응용 레시피

마파 당면

재료 2인분

버미첼리 100g
마파 베이스 200g
물 1과 2/3컵

만드는 법

1 버미첼리(가는 국수 모양의 파스타)는 마른 채로 6~7㎝ 길이로 자른다.
2 프라이팬에 마파 베이스와 물을 넣고 섞은 다음 끓어오르면 버미첼리를 넣고 섞는다. 가끔 아래위를 뒤집어가며 뚜껑을 덮고 약한 불에서 5~6분간 조린다.

담기에도, 씻기에도
입구가 넓은 병이 편리해요

요리를 담거나 그릇을 씻을 때 병의 입구가 넓으면 훨씬 편리하고 위생적입니다.
그래서 에이코 씨는 동양글라스 사의 병 외에도 웩 사의 입구가 넓은 병을 애용합니다.
"어느 것도 쉽게 질리지 않는 디자인이라서 오래 사용할 수 있어요."

> 기본 레시피

매콤달콤한 한국풍 소고기 볶음

재료 500㎖ 저장병 1개 분량

자투리 소고기 400g
참기름 1큰술
다진 마늘 2작은술
다진 생강 2작은술
다진 대파 1/2개분(50g)
청주 1/3컵
A ┌ 설탕 1큰술
  │ 간장 3큰술
  └ 고춧가루 1/2~1큰술
참기름(마무리용) 1/2큰술
볶은 깨 1큰술

만드는 법

1. 소고기는 최대 3㎝ 크기로 썬다.

2. 프라이팬에 참기름을 두르고 중간 불에서 소고기를 넣고 풀어주듯이 볶는다. 소고기가 익기 시작하면 마늘과 생강을 넣고 향이 올라오면 대파를 넣고 볶는다.

3. ②에 청주와 A를 넣고 뚜껑을 덮은 다음 약한 불에서 10분간 조린다. 마지막에 마무리용 참기름을 두르고 볶은 깨를 뿌린 다음 식으면 저장병에 담고 뚜껑을 닫는다.

STOCK 냉장고에서 3~4일 저장 가능

> 응용 레시피

매콤달콤한
가지 튀김

재료 4인분

가지 4개
튀김용 기름 적당량
차조기 잎 4장
매콤달콤한 한국풍 소고기 반찬 100g
달걀지단, 볶은 깨, 고춧가루 약간씩

만드는 법

1 가지는 꼭지를 제거하고 8㎜ 폭으로 칼집을 길게 넣는다.

2 170~180℃ 정도의 튀김용 기름에 가지를 넣고 저어가면서 부드러워질 때까지 중간 불에서 5~6분 튀긴다.

3 가지 가운데를 좌우로 벌려 차조기 잎을 얹고 소고기 반찬 베이스, 달걀지단을 올린 다음 깨, 고춧가루를 뿌린다.

> 기본 레시피

카파오 베이스

재료 300㎖ 저장병 2개 분량

닭다리살 2장(450g)
마늘 3쪽
홍고추 2~3개
홍피망 1개
피망 2개
식용유 2큰술
다진 생강 1큰술
청주 3큰술
A ┌ 우스터소스 1큰술
 │ 남프라(태국식 액젓, 생선 간장) 2큰술
 │ 소금 1/2작은술
 └ 후추 약간
스위트 바질 20g
참기름 1큰술

만드는 법

1 닭다리살은 사방 8㎜ 크기로 깍둑썰기를 한다.

2 마늘은 편 썰고 홍고추는 5㎜ 두께로 썬다. 홍피망과 피망은 반으로 잘라 꼭지와 씨를 제거하고 사방 5~6㎜ 크기로 깍둑썰기를 한다.

3 프라이팬에 식용유를 두른 뒤 마늘을 넣는다. 마늘이 황금빛이 돌고 바삭해질 때까지 약한 불에서 천천히 볶은 다음 그릇에 덜어둔다.

4 ③의 프라이팬에 닭다리살을 넣고 풀어주듯이 볶은 다음 어느 정도 익으면 생강을 넣고 볶는다. 홍피망, 피망, 홍고추를 넣고 볶은 다음 청주를 넣고 A로 간을 맞춘다. 마지막에 스위트 바질을 넣고 숨이 죽을 때까지 볶은 다음 참기름을 두른다. 식으면 저장병에 담고 뚜껑을 닫는다.

STOCK 냉장고에서 3~4일 저장 가능

• **카파오** : 바질과 돼지고기가 들어간 태국식 볶음 요리

응용 레시피

카파오 라이스

재료 2인분

따뜻한 밥 300~400g
카파오 베이스 150g
참기름 1/2큰술
달걀 2개

만드는 법

1 접시에 밥을 담고 데운 카파오 베이스를 올린다.

2 프라이팬에 참기름을 두르고 반숙으로 달걀프라이를 한다. ① 위에 달걀프라이를 올리고 기호에 따라 레몬과 바질을 곁들인다.

탈기脫氣도 필요 없이
사용할 분량만큼만

반찬은 만든 후 몇 번만 먹을 수 있을 정도로 적은 양을 만듭니다.
"숙성시키는 것이 아니기 때문에 반찬을 오래 저장해두진 않아요. 때문에 잘 씻은 깨끗한 병에 음식을 담기만 하면 따로 탈기(p.106 참고)를 할 필요는 없습니다. 공기가 들어갈 수 없도록 뚜껑만 꽉 닫으면 돼요!"

> 기본 레시피

된장 볶음밥 베이스

재료 500㎖ 저장병 1개 분량

식용유 1큰술
다진 돼지고기 300g
다진 생강 1큰술
다진 대파 1/2개분
일본 된장(신슈 미소) 100g
청주 3큰술
후추 약간

만드는 법

1. 프라이팬에 식용유를 두르고 중간 불에서 다진 돼지고기를 보슬보슬한 상태가 되도록 풀어주듯이 볶는다. 생강, 대파를 넣은 뒤 향이 나기 시작하면 일본 된장을 넣고 볶는다.

2. 청주, 후추를 넣고 뚜껑을 덮은 다음 약한 불에서 3~4분간 볶으면서 조린다. 식으면 저장병에 담고 뚜껑을 닫는다.

STOCK 냉장고에서 3~4일 저장 가능

> 응용 레시피

된장 볶음밥

재료　2인분

식용유 1큰술
2~3㎝ 크기로 네모지게 썬 양배추 150g
5㎜ 두께로 송송 썬 홍고추 1~2개
따뜻한 밥 400g
된장 볶음밥 베이스 120g

만드는 법

1 프라이팬에 식용유를 두르고 중간 불에서 양배추, 홍고추를 볶는다.
2 적당히 익으면 밥과 된장 볶음밥 베이스를 같이 넣고 볶는다. 기호에 따라 깨를 뿌린다.

나만의 비상 채소 조림

여기서 소개하는 요리는 만든 뒤 그대로 먹어도 맛있지만,
당근 라페는 다른 요리에 들어가는 드레싱 대신 사용해도 좋습니다.
라페 외에도 모두 다른 식재료로 만든 요리와 기가 막히게 어울리는 반찬입니다.

- 당근 라페
- 맛국물에 절인 가지 튀김
- 톳과 명란젓 페페론치노
- 풋콩 소금 절임
- 레몬 풍미의 흰 강낭콩 조림
- 배추 소금 절임

당근 라페

재료 700㎖ 저장병 1개 분량
당근 3~4개
프렌치드레싱(식초 소스) 1/2컵
소금, 후추 약간씩

만드는 법

1 볼에 껍질 벗겨 채 썬 당근을 넣고 프렌치드레싱과 버무린다.

2 ①에 소금, 후추를 뿌린 다음 숨이 죽으면 저장병에 담고 뚜껑을 닫는다.

STOCK 냉장고에서 3~4일 저장 가능

• **당근 라페** : 프랑스식의 채 썬 당근 샐러드

맛국물에 절인 가지 튀김

재료 700㎖ 저장병 1개 분량
맛국물 2컵
미림 1/3컵
간장 1/3컵
홍고추 2개
가지 5개
튀김용 기름 적당량

만드는 법

1 냄비에 맛국물, 미림, 간장, 홍고추를 넣고 끓인다.

2 가지는 꼭지를 제거하고 길게 반으로 자른 다음 1cm 폭으로 칼집을 넣는다.

3 170~180℃ 정도의 튀김용 기름에 가지 양의 1/2을 넣고 저어가면서 부드러워질 때까지 4~5분 튀긴 다음 ①에 담근다. 남은 가지도 튀겨서 ①에 담근다.

4 식으면 저장병에 넣고 가지를 담갔던 국물을 부은 다음 뚜껑을 닫는다.

STOCK 냉장고에서 4~5일 저장 가능

톳과 명란젓 페페론치노

재료 700㎖ 저장병 1개 분량
700㎖ 저장병 1개 분량
톳 50g(불리고 나면 250g)
마늘 3쪽
명란젓 1/2쪽
홍고추 작은 것 3~4개
올리브오일 3큰술
청주 2큰술
소금 1/4작은술
후추 약간

만드는 법

1 물에 헹군 톳을 넉넉한 양의 물에 10분 정도 불린 다음 다시 깨끗이 헹군다. 체에 밭쳐 물기를 빼고 5~6㎝ 길이로 자른다.

2 마늘은 길게 반으로 썰고 명란젓은 얇은 껍질에 칼집을 넣어 속만 긁어낸다.

3 프라이팬에 올리브오일과 마늘을 넣고 약한 불에서 볶은 다음 향이 나기 시작하면 홍고추와 톳을 넣고 볶는다. 그다음 명란젓을 넣고 풀어주듯이 볶는다.

4 청주를 넣고 소금, 후추로 간을 한 다음 식으면 저장병에 담고 뚜껑을 닫는다.

STOCK 냉장고에서 4~5일 저장 가능

풋콩 소금 절임

재료 700㎖ 저장병 1개 분량
물 3컵
소금 12~18g(물의 2~3%)
홍고추 2개
풋콩 250g

만드는 법
1. 냄비에 물, 소금, 홍고추를 넣고 끓인 다음 식힌다.
2. 풋콩의 양 끝을 가위로 자르고 소금 1큰술을 뿌린 다음 섞는다. 뜨거운 물에 5분간 데치고 체에 밭쳐 물기를 빼면서 식힌다.
3. 저장병에 ②를 담고 ①을 부은 다음 뚜껑을 닫는다.

STOCK 냉장고에서 3~4일 저장 가능

레몬 풍미의 흰 강낭콩 조림

재료 700㎖ 저장병 1개 분량
흰 강낭콩 200g
물 적당량
설탕 150g
시나몬 스틱 1/2개
소금 약간
레몬즙 3큰술
반달 모양으로 썬 레몬 8장

만드는 법
1. 냄비에 씻은 흰 강낭콩, 물 4~5컵을 넣고 8시간에서 하룻밤 정도 불린다.
2. ①을 그대로 중간 불에 올려 끓어오르면 물을 버리고 흰 강낭콩이 잠길 만큼의 물을 다시 부은 후 중간 불에서 가열한다. 끓어오르면 뚜껑을 덮고 약한 불에서 15분 정도 삶은 다음 불을 끄고 잔열로 익히면서 식힌다.
3. ②에 설탕 양의 1/2과 시나몬 스틱을 넣고 약한 불에서 5분 정도 끓이다가 나머지 설탕과 소금을 넣은 다음 뚜껑을 덮고 약한 불에서 10분 정도 더 끓인다.
4. 레몬즙을 넣고 불을 끈 다음 식으면 레몬을 넣어 저장병에 담고 뚜껑을 닫는다.

STOCK 냉장고에서 5~6일 저장 가능

배추 소금 절임

재료 700㎖ 저장병 1개 분량
배추 500g
소금 2작은술(배추 무게의 2%)

만드는 법
1. 배추의 심을 비스듬히 잘라내고 길게 3~4등분 한다. 심 부분은 세로 1㎝ 폭, 잎 부분은 2㎝ 폭으로 썬다.
2. 큰 볼에 ①을 넣고 소금을 뿌린 다음 섞는다. 누름돌을 올리고 30분간 절인 다음 저장병에 담고 뚜껑을 닫는다.

STOCK 냉장고에서 4~5일 저장 가능

세 번째

건강 요리 교실 운영자의 보틀 쿠킹

다카하시 키미

몸에 좋은 식재료를 탐구하던 중 뜻이 맞는 사람들과 자연스럽게 모여 건강 요리를 다루는 '락선樂膳 교실'을 열었습니다. 이 교실에서 엄선한 조미료는 따로 판매하기도 합니다. 차나 빵 등을 만드는 쿠킹 클래스도 인기가 많습니다.

"몸에 좋은 식재료는 발효와 숙성을 거치면 몸에 더 이로워집니다. 그래서 식재료를 각종 화학적 변화로부터 지키며 맛도 좋아지는 저장용 유리병이 필요하죠. 보통 저장병 요리를 70가지 정도 만들어두는데, 대부분 상온에서 보관합니다."

맛있게 발효시키기 위한 병조림

보글보글, 자근자근
요리가 병 속에서 발효되면
맛이 조금씩 달라집니다

키미 씨가 운영하는 건강 요리 교실 이름에는 '잡곡'이란 뜻이 포함되어 있습니다. 좁쌀이나 보리 등의 잡곡은 건강에 좋기 때문에 교실 이름을 지을 때도 쓴 것입니다.
"최근 몇 년간 잡곡의 효능이 재평가되고 있어요. 저도 잡곡을 먹기 시작하면서 건강에 자신이 생겼습니다."

키미 씨가 몸에 좋은 것을 연구하며 알게 된 것이 바로 발효식품입니다.
"발효식품에는 힘이 있어요. 특히 효소 주스는 몸에 쌓인 독소를 깨끗하게 씻어내 줘요."
집에는 저장병에 담은 각종 효소 주스 이외에 된장이나 간장 같은 발효 조미료가 쭉 늘어서 있습니다.

"발효식품은 저장성이 뛰어나 밀폐만 잘 해둬도 상온에서 보관이 가능해요. 병 속에서 발효가 계속되기 때문에 가끔 '펑' 하면서 뚜껑이 날아가버리는 일도 있죠."
병 속에서 생기는 화학반응에도 별다른 영향을 받지 않고 먹을 수 있는 것이 유리 저장식의 장점 중 하나입니다.

"효소 주스의 효과를 제대로 내기 위해서는 식재료를 잘 선택하는 게 가장 중요해요. 아직도 공부 중이지요. 그래서 교실 이름도 약선藥膳이 아닌 락선樂膳입니다."

병에 담은 발효식품

CASE 03 • Takahashi Kimi

저장성이 뛰어난 발효식품.
키미 씨만의 레시피를 따라 간단하게 만들어봅시다.

> 특제 레시피

블랙베리 효소 주스

재료 800㎖ 저장병 1개 분량

블랙베리 적당량
사탕무당(첨채당) 적당량
레몬즙 적당량

만드는 법

1. 블랙베리와 사탕무당은 100㎖를 기준으로 같은 양을 준비한다. 레몬즙은 30㎖가 기본인데, 기호에 따라 조절한다.

2. 저장병에 사탕무당을 넣고 잘 씻은 블랙베리를 넣은 다음 수저로 가볍게 으깬다. 레몬즙을 넣고 뚜껑을 닫은 다음 하루에 한 번씩 섞어주면서 일주일 동안 발효시킨다.

MEMO

효소 주스는 그대로 또는 물이나 탄산수에 섞어 마셔도 좋다. 요구르트 혹은 소스로도 활용할 수 있다. 또 재료인 사탕무당이 없으면 첨채당을 사용하면 된다.

STOCK 실온에서 6개월 저장 가능

기본 레시피

홈메이드 현미 유산균

재료 2ℓ 이상의 저장병 1개 분량

현미 1홉(약 180g)
물 2ℓ
소금 20g
올리고당, 흑설탕 각 30g

만드는 법

1. 저장병에 물 500㎖와 현미를 넣고 뚜껑을 닫은 다음 햇볕이 잘 드는 곳에 하루 동안 둔다.
2. ①에 물 1.5ℓ와 소금을 넣고 다시 하루 더 둔다.
3. ②에 올리고당과 흑설탕을 넣고 섞은 다음 햇볕이 드는 곳에 10일간 둔다. 거품이 일면서 신 냄새가 나면 현미 유산균 완성.

MEMO

유산균을 구할 수 없을 때는 현미를 사용해 만들어보자. 이를 '유산균 두유 요구르트'의 재료로 사용하면 시판용 유산균을 사용했을 때와 맛이 거의 비슷해진다.

STOCK 냉장고에서 1주일 저장 가능

> 응용 레시피

유산균 두유 요구르트

재료 600~700㎖ 저장병 1개 분량

두유 450㎖
올리고당, 흑설탕 각 2큰술
소금 1작은술
간수 1~2방울
홈메이드 현미 유산균 50㎖

만드는 법

1 냄비에 두유, 올리고당, 흑설탕, 소금, 간수를 넣고 불에 올려 나무주걱으로 가끔 저어주면서 40℃까지 데운다.

2 불을 끄고 유산균을 넣은 다음 가볍게 섞어 저장병에 담고 뚜껑을 닫는다.

3 ②를 큰 용기에 넣고 실온보다 온도가 조금 더 높은 곳에서 표면이 걸쭉해질 때까지 반나절 정도 발효시킨다.

STOCK 냉장고에서 1주일 저장 가능

맛도 건강도
더 좋아지는 병조림

CASE 03 • Takahashi Kimi

맛도 건강도 더 좋아질 거라고 상상하면서 병을 바라보는 건 즐거운 일입니다.

> 기본 레시피

두반장

재료 700~800㎖ 저장병 1개 분량

깍지를 벗긴 누에콩 300g
고춧가루 40g
쌀누룩 25g
보리된장(또는 쌀된장) 3큰술
소금 50g
20~30℃의 미지근한 물 적당량

만드는 법

1. 누에콩을 20분 정도 찌고 기호에 따라 껍질을 벗긴 다음 볼에 넣고 으깬다. 고춧가루, 쌀누룩, 된장, 소금을 넣고 섞는다.

2. ①에 미지근한 물을 조금씩 넣으면서 된장 정도의 되직한 상태가 될 때까지 치댄다.

3. 저장병에 ②를 넣고 평평하게 눌러준 다음 병 입구에 묻은 것은 알코올로 깨끗하게 닦는다. 두꺼운 비닐을 올리고 비닐봉지에 넣은 유리구슬이나 작은 돌(누름돌)로 덮은 다음 뚜껑을 닫고 1개월 정도 숙성시킨다.

4. 한 달이 지나면 병을 열고 바닥까지 고루 잘 섞어 효모균의 활동을 활성화시켜준다. 그다음 누름돌을 덮고 뚜껑을 닫아 다시 1개월 정도 숙성시킨다.

STOCK 실온에서 2~3개월 저장 가능(장기 저장할 경우에는 냉동)

> 응용 레시피 1

두반장을 곁들인 율무와 채소 튀김

재료 4인분

율무 75g
달걀 1개
A ┌ 잔멸치 2큰술
  └ 밀가루 1컵
채 썬 당근 5cm
채 썬 양파 1/2개
데쳐서 채 썬 줄기콩 5개
두반장 적당량
카놀라유 적당량

만드는 법

1 율무는 뜨거운 물(율무의 3배 분량)에 30분간 담갔다가 약한 불에서 20분간 삶는다.

2 볼에 달걀을 넣고 푼 다음 A, ①, 당근과 양파, 줄기콩을 넣고 섞는다. 물을 약간(분량 외) 넣어 걸쭉한 반죽을 만든다.

3 170℃로 달군 카놀라유에 ②를 조금씩 넣고 바삭하게 튀긴다. 그다음 접시에 담고 두반장을 곁들인다. 기호에 따라 김 가루를 뿌리고 간 무를 함께 내는 것도 좋다.

응용 레시피 2

애호박과 두반장 초절임

재료 4인분

애호박 1개
소금 약간
A ┌ 두반장 1큰술
  │ 곡물식초 3큰술
  │ 간장, 쌀식초 각 1작은술
  │ 사탕무당(첨채당) 1/2큰술
  └ 간 깨 2작은술

만드는 법

1 애호박은 껍질째로 길게 반으로 갈라 씨를 제거하고 먹기 좋은 크기로 썬다. 소금을 뿌려 절이고 숨이 죽으면 물기를 짠다.

2 A를 섞은 다음 ①에 넣고 버무린다.

병 속에서 맛있게 숙성되고 있어요

"대부분 선물 받은 병이에요."
보관하는 병 속엔 산야초나 과일 효소 외에도 직접 담근 간장, 우스터소스 등의 조미료와 염교, 매실 장아찌 같은 식재료가 많이 담겨 있습니다. 이를 재료로 사용한 반찬이 키미 씨네 식탁을 가득 채우고 있답니다.

네 번째

푸드스타일리스트의
보틀 쿠킹

츠가네 유키코

푸드 코디네이터 코스를 수료하고 카페 관련 일을 하다가 독립했습니다. 지금은 책이나 광고에 들어가는 푸드 및 테이블 스타일링 같은 식공간 연출 작업을 하고 있습니다.

"유리병은 나무나 도기, 금속 등 어느 소재와도 잘 어울리고 자기만의 색이 강하지 않아요. 동시에 상대를 돋보이게 하면서도 존재감이 있죠. 또 속이 다 보이기 때문에 재료가 주인공이 되는, 유리병은 아주 매력적인 그릇입니다."

병은 심플하기 때문에
안에 담긴 내용물이 돋보이고
병이 가진 부드러운 윤곽은
식탁을 빛나게 합니다

투명감과 부드러움이 공존하는 자연스러운 스타일링을 여러 매체에서 선보이고 있는 푸드스타일리스트 유키코 씨.
"저장용 유리병은 본래 식재료를 저장하기 위해 사용하지만 스타일링 아이템으로도 아주 훌륭해요. 어떤 소재의 그릇이나 도구와도 잘 어울리고 옆에 있는 물체를 돋보이게 하죠."

유리그릇이 아닌 유리병, 그 매력은 여분의 장식 없이 심플한 모양과 두께감에 있습니다.
"변함없는 존재감이 있어요. 특히 위에서 보는 윤곽, 옆에서 볼 때 약간 가물거리는 듯 통과하는 빛의 가감이 절묘해요."
그런 이유로 예전부터 유리병을 스타일링에 자주 사용했다는군요. 그녀가 유리병이 그릇으로도 탁월하다는 확신을 하게 된 건 어느 책을 만들면서였다고 합니다.

"웩 사의 요리책 스타일링 작업 의뢰가 들어왔을 때 저자가 유리병을 사용하는 걸 보고 자극을 받게 되었죠. 단순히 장식하는 것이 아닌 식재료를 담는 그릇이 되는 유리병에 매력을 느꼈습니다. 무엇보다 병에 담긴 음식이 정말 맛있어 보였거든요."
이후 스타일링 현장이나 집에서도 유리병을 자주 사용하게 되었다고 합니다. 그릇이 되기도 하고 테이블을 꾸미는 아이템으로도 훌륭한 데다 조리에도 사용할 수 있는 유리병. 알면 알수록 저장용 유리병의 매력과 가능성은 끝이 없어 보입니다.

허브와 유리병

CASE 04 • *Tsugane Yukiko*

허브를 병에 꽂은 채 테이블 위에 올려둡니다. 눈에 띄니까 필요할 때마다 조금씩 뜯어 요리 중인 냄비에 바로 넣곤 한답니다.

특제 레시피

로즈메리 올리브오일 절임

만드는 법

끓는 물로 소독한 병에 올리브와 로즈메리를 넣고 완전히 잠길 정도의 올리브오일을 부은 다음 뚜껑을 닫아 밀폐한다. 일주일 정도 숙성시키면 완성.

MEMO

올리브 열매는 그대로 먹거나 다져서 소스에 넣어도 되고 올리브오일은 소테나 파스타에 사용할 수 있다. 로즈메리 이외에 다양한 허브를 사용해보는 것도 좋다.

과일 탄산수

만드는 법

병에 얼음, 타임, 민트, 레몬과 통으로 썬 키위를 넣고 탄산수를 부으면 완성.

MEMO

이 음료는 손님맞이용 음료수로 그만이다. 탄산수를 넣는 순간 향이 퍼지기 때문에 손님이 자리에 앉은 다음 탄산수를 붓는 것이 좋다. 목이 길어서 잡기 편해 피처로도 사용하는 웩 사의 주스 병이 탄산수를 붓기에 적당하다.

특제 레시피

바질 페스토

재료 100㎖ 저장병 1개 분량

바질 30g
마늘 1/2쪽
캐슈너트 30g
올리브오일 50㎖
소금 1작은술

만드는 법

1. 모든 재료를 푸드프로세서에 넣고 부드러운 상태의 페스토가 될 때까지 간다.
2. 저장병에 나눠 담고 뚜껑을 닫는다.

MEMO

바질 페스토는 한 번에 많이 만들어 밀폐해서 저장한다. 뚜껑을 자주 열면 신선도와 맛이 떨어지므로 한 번 사용할 분량으로 나눠 저장하는 것이 가장 좋다. 빵에 발라 먹거나 혹은 페스토를 병에 담아 그대로 테이블에 올려 두어도 예쁜 그림이 된다.

STOCK 냉장고에서 10일, 냉동고에서 1개월 저장 가능

병에 담은
새로운 된장

CASE 04 • Tsugane Yukiko

전통적인 방식의 저장식을 나에게 맞도록 새롭게 만들어봅시다. 법랑도 좋지만 유리병은 투명해서 안이 보여 더 좋아요.

| 특제 레시피 |

꿀과 깨 된장

재료 200㎖ 저장병 1개 분량

된장 150g
꿀 30g
참깨 페스토(타히니소스) 30g
간 깨 1작은술

만드는 법

볼에 모든 재료를 넣고 섞은 다음 저장병에 담고 뚜껑을 닫는다.

MEMO

꿀로 부드러운 단맛을, 참깨 페스토로 깊이를, 간 깨로 고소함을 더했다. 채소 스틱의 소스로 사용하거나 두부와 함께 버무려도 맛있다. 치즈와도 잘 어울리고 고기, 생선에 발라 구워도 좋다.

STOCK   냉장고에서 3~4일 저장 가능

특제 레시피

마늘과 차조기 된장

재료 250㎖ 저장병 1개 분량

참기름 2작은술
다진 마늘 1/2쪽
된장 200g
채 썬 차조기 10장

만드는 법

1. 프라이팬에 참기름과 마늘을 넣고 약한 불에서 볶은 다음 향이 나기 시작하면 볼에 옮겨 담는다. 나머지 재료를 넣고 섞는다.
2. 저장병에 담고 뚜껑을 닫는다.

MEMO

주먹밥에 넣고 구우면 마늘과 차조기의 향이 한층 더 진해져서 식욕을 돋운다. 볶음이나 조림 요리의 비법 재료로도 사용할 수 있다.

STOCK 냉장고에서 3~4일 저장 가능

보틀 케이크와 디저트

CASE 04 • *Tsugane Yukiko*

유리병에 담는 보틀 케이크는 베이킹 전용 틀이 필요 없다는 게 큰 장점입니다. 과자나 케이크를 만들기 위해 새로운 도구를 구입하지 않아도 되니 좋습니다. 과자는 유리병에 소량으로 나눠 구워 그대로 테이블에 냅니다.

> 특제 레시피

두유 메이플 푸딩

재료 140㎖ 저장병 4개 분량

무조정 두유 300㎖
달걀 2개
달걀노른자 1개
메이플 시럽 5큰술

만드는 법

1. 내열 볼에 두유를 넣고 전자레인지(600W)로 약 2분간 가열한다.

2. 다른 볼에 달걀과 노른자를 넣고 거품이 일지 않도록 푼 다음 메이플 시럽을 넣고 섞는다.

3. ②에 ①을 조금씩 넣으면서 섞고 거름망에 거른 다음 표면의 거품을 걷어낸다.

4. ③을 저장병에 붓고 뚜껑을 닫은 다음 트레이에 옮겨 담는다. 철판 위에 트레이를 올리고 오븐에 넣은 다음 트레이에 뜨거운 물을 붓고 150℃ 오븐에서 약 30분간 중탕으로 굽는다. 식으면 메이플 시럽(분량 외)을 끼얹는다.

MEMO

푸딩을 선물할 때는 먹을 때 끼얹을 수 있게 메이플 시럽을 다른 용기에 담아주는 것이 좋다. 휘핑크림이나 과일로 장식해도 된다.

> 특제 레시피

쌀가루로 만든
당근 스파이스 케이크

재료 120㎖ 저장병 4~5개 분량

당근 1개(160g)
소금 약간
건포도 50g
럼 1큰술
A ┌ 쌀가루 100g
  │ 클로브, 넛맥 각 1g
  │ 시나몬 1작은술
  │ 아몬드파우더 30g
  └ 베이킹파우더 1/2큰술
달걀 1개
B ┌ 설탕 50g
  │ 올리브오일 2큰술
  │ 두유 2큰술
  └ 꿀 30g
크림치즈, 후추 각 적당량

만드는 법

1. 당근은 강판에 갈고 소금을 뿌린다. 건포도는 럼에 담가둔다.

2. 볼에 A를 넣고 거품기로 잘 섞는다.

3. 다른 볼에 달걀을 풀고 B를 순서대로 넣으면서 거품기로 섞는다. ①을 넣고 잘 섞은 다음 ②를 넣고 가루가 보이지 않을 때까지 고무 주걱으로 잘 섞는다. 저장병에 나눠 담는다.

4. ③을 철판에 올리고 170℃로 예열한 오븐에서 20분간 구운 다음 식힌다. 크림치즈를 바르고 후추를 뿌린다.

층층이 예쁘게 담아보세요

그래놀라 너트, 드라이 후르츠, 그래놀라 순으로 병에 담는다. 말린 과일, 견과류 등의 재료에는 나무 뚜껑이 잘 어울린다. 웩사의 병은 뚜껑의 종류가 다양해서 분위기에 맞게 자유자재로 바꿀 수 있다.

스트라이프 아이스크림 시중에 판매되는 아이스크림을 상온에서 살짝 녹였다가 저장병에 다시 담아 냉동실에서 굳힌다. 이때 아이스크림 2종류를 번갈아 가며 넣는다. 마무리로 말차, 슈거파우더를 뿌리고 베리나 민트로 장식하면 마치 수제 아이스크림 같은 비주얼로 완성!

> TIP 1

병 꾸미는 법

케이크에 균일하게 크림을 바르거나 데커레이션을 잘 하는 등, 케이크를 멋지게 완성하기 위해서는 몇 가지 요령이 필요합니다. 하지만 유리병만 있으면 테크닉 없이도 예쁜 케이크를 만들 수 있습니다.

문구 쓰기

"병에 선물 받는 사람에게 전하는 메시지를 쓰기도 합니다. 저는 수성펜을 사용하는데, 유리병은 지울 수 있으니까 마음 놓고 써도 돼요."

마스킹테이프 붙이기

"병에 마스킹테이프를 붙이기만 해도 무늬에 따라 다양한 분위기를 낼 수 있어요. 글자를 쓰거나 도장을 찍어도 좋습니다. 응용도 자유롭게 가능하지요."

스푼 세트 더하기

"냅킨으로 싼 커틀러리를 테이프나 끈으로 유리병에 고정합니다. 불꽃놀이나 바비큐 파티 등의 바깥 활동에 쓰기 편리해요. 오늘은 유칼립투스도 꽂아보았어요."

리본 묶기

"리본의 소재나 색상, 두께에 따라 유리병의 분위기가 발랄해지기도, 우아해지기도 하죠. 리본도 마스킹테이프처럼 분위기에 맞게 다양한 연출이 가능해요."

> TIP 2

병에 담으면 더 예쁜 과일과 채소

여름의 초절임부터 겨울의 오일 절임까지, 유리병에 담아 1년 내내 즐겨 봅시다. 병이지만 차갑게 보이지 않는 건 두툼한 두께와 안정감 있는 모양 덕분입니다.

자색 양파와 귤 피클

소금을 뿌린 자색 양파 1개, 귤 1개와 타임 2줄기를 병에 담고 한소끔 끓인 화이트와인 비니거 100㎖, 물 50㎖, 수수설탕(설탕 혹은 사탕수수당) 50g, 소금 1작은술을 넣는다.

파인애플과 키위 비니거

키위 1개, 파인애플 140g, 설탕 150g, 꿀 100g, 쌀식초 1컵을 순서대로 병에 담는다. "하루에 한 번씩 흔들어주세요. 설탕이 다 녹으면 완성입니다."

방울토마토와 머스캣 피클

끓는 물에 데쳐 껍질을 벗긴 방울토마토 1팩과 머스캣(포도의 한 품종) 적당량을 병에 담고 한소끔 끓인 화이트와인 비니거 100㎖와 물 50㎖, 꿀 50g, 소금 1/2작은술을 넣는다.

꿀과 레몬, 무 조림

무 150g, 슬라이스 레몬 1개를 병에 담고 꿀 100g을 천천히 붓는다. "목이 아플 때 애용하는 우리 집만의 특제 약입니다. 무에서 수분이 나오기 때문에 조금 큰 병에 만드는 게 좋아요."

콜리플라워와 올리브 카레 피클

콜리플라워 1/2개, 올리브 3개, 삶은 메추리알 6개를 병에 담고 한소끔 끓인 쌀식초 150㎖, 물 50㎖, 수수설탕(또는 설탕) 30g, 소금 1작은술과 카레 가루 1g, 쿠민 씨 적당량을 넣는다.

건무화과 레드와인 절임

건무화과 150g, 레드와인 100㎖, 시나몬 스틱 1개, 계피꿀 2큰술을 병에 담고 하룻밤 숙성시킨다. 건무화과를 사용하면 설탕이 없어도 농축된 단맛을 낼 수 있다.

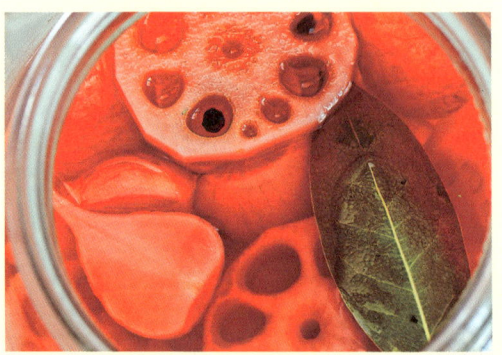

거봉과 프룬 비니거

거봉 140g, 프룬 1개, 설탕 150g, 꿀 100g, 사과식초 1컵을 순서대로 병에 담고 설탕이 녹을 때까지 그대로 둔다. 탄산수에 타서 마시거나 빙수와도 잘 어울린다.

연근과 래디시 피클

연근 10㎝, 래디시(무의 일종) 5개를 병에 담고 한소끔 끓인 쌀식초 100㎖, 물 50㎖, 꿀 50g, 소금 1/2작은술을 넣는다. 래디시의 붉은 색소가 금세 우러난다.

TIP 3

바다의 향을 품은 병조림

유키코 씨에겐 비장의 저장병 요리가 있습니다. 신선한 굴과 몇몇 재료만 있으면 금세 완성되는 오일 절임입니다. 생굴도 맛있지만 오일에 절인 굴에선 독특한 풍미가 배어납니다.

굴과 새송이버섯 오일 절임

재료 1000㎖ 저장병 1개 분량
굴 180g
새송이버섯 1봉지
올리브오일 50㎖
마늘 1쪽
홍고추 1개

만드는 법

1. 굴은 씻어서 물기를 제거한다. 새송이버섯은 먹기 좋은 크기로 찢는다.
2. 프라이팬에 올리브오일, 마늘, 홍고추를 넣고 약한 불에서 볶은 다음 향이 나기 시작하면 굴과 새송이버섯을 넣고 가볍게 볶는다.
3. 기호에 따라 월계수 잎 등의 허브와 함께 저장병에 담고 탈기(p.106 참고)한다.

STOCK 냉장고에서 3~4일 저장 가능

굴과 새송이버섯 오일 절임
활용 요리

감자 샐러드

갓 만든 굴과 새송이버섯 오일 절임을 으깬 감자 위에 올린다. 감자와 함께 베어 물면 입안에 녹아드는 맛이 일품이다.

브루스케타

숙성된 굴 절임으로 브루스케타(구운 빵 위에 각종 재료를 얹어 먹는 전채요리)를 만든다. 오일에 농축된 굴 맛이 담백한 바게트에 배어 맛있다. 폭신폭신한 흰색 빵보다 딱딱한 갈색 빵에 더 잘 어울린다.

코티지치즈 파스타

굴의 맛과 향이 더해진 오일을 파스타 소스로 활용한다. 해산물을 넣지 않아도 토마토와 올리브, 코티지치즈가 어우러져 페스카토레(해산물을 이용한 이탈리아 요리) 같은 요리가 완성된다.

다섯 번째

가정주부의 보틀 쿠킹

츠바타 히데코

느리게 천천히 사는 삶이 유행하기 전부터 남편 슈이치 씨와 함께 느긋하게 땅을 일구며 살아온 가드너입니다. 국내에 번역된 도서로 《밭일 1시간, 낮잠 2시간》이 있습니다.

"음식은 생명입니다. 땅을 일구고 몸에 안전한 채소와 과일을 기른 다음 만든 음식을 딸이나 손자들에게 보내니까요. 한 생명을 보내는 것과 똑같습니다.
원재료의 맛을 살리려고 가급적 손을 많이 대지 않고, 손맛을 그대로 전하기 위해 음식은 유리병에 담는 걸 선호합니다. 식재료에 영향을 주지 않기 때문이죠. 유리병에는 가족을 생각하는 마음까지 담겨 있습니다."

매실 간장 절임, 체리 와인 비니거 절임, 딸기잼,
오이 피클 등 계절에 어울리는 저장식이 가득합니다.

원재료의 맛이 살도록 간은 최소한으로,
정해진 레시피도 없어요

나고야에서 전철로 40분 정도 들어가면 코조지 뉴타운에 히데코 씨가 생활하는 집이 있습니다. 약 300평 정도의 부지에 밭을 일구고 과일나무를 심어 창밖으로 보이는 풍경은 주택가라는 생각이 들지 않을 정도로 푸른데, 여기서 수확한 신선한 작물은 히데코 씨가 만드는 저장식의 재료로 쓰입니다. 양조장에서 자라 어렸을 때부터 '음식은 생명'이라고 배운 히데코 씨는 60년 전 결혼하던 당시부터 신선한 식재료의 맛을 내기 위해 부단히 노력해왔다고 합니다.
"제가 식재료를 까다롭게 고르니 시어머니도 놀라시긴 했지만 이것만은 양보할 수 없었어요. 남편에게 몸에 좋고 맛있는 것만 먹인다면 다른 일은 자연히 잘될 거라고 생각했거든요."

밭에서 토마토소스용 토마토를
수확하고 있는 히데코 씨.

"좀 쉬었더니 잡초가 무성하죠?
그래도 땅이 비옥해서 뭐든 잘 자랍니다."

하지만 이런 히데코 씨의 생각은 직접 가꿀 수 있는 땅이 없다면 실천하기 어려운 일입니다. 그녀는 30년 전 이곳으로 와 반자급자족하는 생활을 시작했을 때 오랜 꿈이 이루어져 정말 감사했다고 합니다. "흙을 고르는 일은 어렸을 때부터 좋아했어요. 이것저것 심고 싶어서 항상 설렜었지요."
남편과 둘이서 정성을 다해 만든 비옥한 땅에 씨앗을 심고 기르고 수확하는 그 모든 과정을 지금은 혼자 하고 있습니다.

"자신이 먹을 걸 직접 만드는 건 매우 중요합니다. 몸에 흡수되는 건 안전한 게 최고니까요. 젊을 때부터 이런 생각을 갖고 있었기 때문에 경작하는 일은 전혀 힘들지 않아요"라며 미소를 짓습니다.
요리를 즐기는 히데코 씨는 수확한 작물을 조리해서 식탁에 올리고, 식탁에 올리지 못하는 것은 저장식으로 만들어 유리병에 담습니다. 맛있는 잼이나 소스, 과실주, 콩포트(설탕에 졸인 과일) 등이 넘쳐나는 식탁. 이런 게 바로 이 집의 일상입니다.
그녀가 만드는 요리는 딸과 손자에게까지 전해집니다.
"딸들이 도쿄에서 생활하면서부터는 한 달에 두 번, 먹을 것을 상자 가득 채워 보내고 있어요. 어디에 있든지 몸에 좋은 것을 먹었으면 하거든요."

히데코 씨의 부엌에도 각기 다른 사이즈의 저장병이 즐비합니다.
사이즈가 다양해야 편리하기 때문입니다.

우리 집 손맛을 전하는 유리병

히데코 씨는 바로 꺼내먹을 수 있는 소스, 수프나 스튜, 조리거나 튀긴 음식, 피자, 시폰케이크 등을 다양하게 만들어 바쁜 딸들에게 보냅니다. 직접 키운 작물을 그대로 보내기도 하지만 조리를 해 보내는 것이 대부분입니다. 보낼 때는 요리가 담긴 저장병, 돌아올 때는 빈 병. 이렇게 주고받는 것이 당연한 일이 되었습니다. "편리한 플라스틱 용기가 나오고 있지만 믿음이 가는 건 역시 유리병이에요."

그런데 히데코 씨의 요리는 자세한 레시피가 없습니다. 그때그때 손이 가는 대로 만들다 보면 군더더기 없이 깔끔한 요리가 완성됩니다. "이것도 감각이거든요. 요리하며 맛을 보고 '이 정도면 됐어'라고 생각하는 거죠. 제게 요리 과정을 더 자세히 물어도 소용없는 일이에요."
요리할 때 그녀는 원재료 자체의 풍미를 살리는 일을 가장 중요하게 생각합니다. 그래서 간은 정말 최소한으로 간단하게 보지만 깊은 맛이 납니다.
"남편도 외식을 싫어하고 저도 바깥에서 파는 음식의 맛을 거의 몰라요. 하지만 요리방송을 좋아해서 마음에 드는 요리가 나오면 바로 따라서 만들어봤죠. 나머지는 대부분 독학한 거예요. 예를 들면 손자가 좋아해서 자주 만드는 피자 같은 게 그래요. 사실 그런 음식 중에선 제가 실제로 먹어본 적이 없는 음식도 많아요."

수확한 토마토는 금방 토마토소스로 만들어둡니다.
"조미료를 전혀 사용하지 않지만, 토마토 자체의 맛이 진하니 괜찮아요.
토마토에 양파나 다른 재료를 넣어 피자소스를 만들기도 해요."

복숭아 콩포트도 히데코 씨가 잘 만드는 요리입니다.
"식감을 위해 복숭아는 푹 익히지 않는 편이 더 맛있어요."

지난해 남편 슈이치 씨가 떠나고 그녀는 지금 혼자 생활하고 있습니다. "쓸쓸하기보다 허무해서 만드는 보람이 없어요"라고 말하지만 지금도 한 달에 두 번씩 요리를 만들어 딸과 손자에게 보내고 있습니다.

"손자가 제 음식의 손맛을 잘 기억해주길 바라요. 지금이야 바깥 요리가 새롭겠지만 언젠가는 직접 한 음식의 맛이 그리워질 날이 오겠죠. 시간이 흘러도 손맛의 소중함이 계속 이어졌으면 좋겠습니다. 그러기 위해서는 제가 조금 더 오래 살아야겠죠."

히데코 씨는 남편이 떠난 뒤 한동안 손을 놓았던 밭일도 조금씩 다시 시작했습니다. 그녀가 말하는 생명을 전해주는 저장용 유리병은 앞으로도 계속될 겁니다.

복숭아 콩포트를 저장병에 담고 식으면 뚜껑을 닫아 냉동 보관합니다.
병은 새로 사기도 하지만 대부분 다시 재활용합니다.

집에서 직접 만드는
계절의 맛

CASE 05 · Tsubate Hideko

히데코 씨 정원에서 자라는 과일나무엔 하나같이 남편 슈이치 씨가 써 놓은 이름표가 달려 있습니다. 각 나무의 소출로 뭘 만들지를 이미 정한 거랍니다.

| 특제 레시피 |

토마토소스

만드는 법

1 수확한 토마토는 씻어서 꼭지를 제거하고 반으로 썬다.

2 ①을 법랑 냄비에 넣고 약한 불에 올려 나무공이로 대충 으깬다.

3 뚜껑을 덮고 토마토에서 수분이 나올 때까지 보글보글 끓인다.

4 체에 걸러 껍질과 씨를 제거하고 저장병에 나눠 담는다. 그대로 식힌 다음 뚜껑을 닫고 냉동고에 넣는다.

> 특제 레시피

복숭아 콩포트

만드는 법

1 수확한 복숭아는 씻어서 껍질을 벗기고 적당한 크기로 썬다.

2 냄비에 물과 설탕 또는 사탕무당(첨채당)을 넣고 가열해 녹인 다음 럼 2방울을 떨어뜨린다. 살짝 달달한 정도의 단맛이 나는 게 좋다.

3 냄비에 복숭아를 넣고 가열해 한소끔 끓으면 저장병에 나눠 담는다. 그대로 식힌 다음 뚜껑을 닫고 냉동고에 넣는다.

> 특제 레시피

하귤 마멀레이드

만드는 법

1. 하귤(개량한 여름밀감)의 겉껍질은 벗겨서 다지고 알맹이는 얇은 속껍질을 제거한 다음 믹서에 간다.
2. 냄비에 껍질과 물을 넣고 삶아서 우려내는 작업을 2번 정도 반복한다. 냄비째 흐르는 물에 하룻밤 정도 담가 쓴맛을 제거한다.
3. 냄비에 ②의 껍질과 ①의 주스, 설탕 또는 사탕무당을 넣고 중간 불에서 조려 저장병에 나눠 담는다. 그대로 식힌 다음 뚜껑을 닫고 냉장고 또는 냉동고에 넣는다.

건강을 위해 직접 만든 맛국물

히데코 씨가 몸에 이로운 식재료로 만든 맛있는 요리 덕분에 감기 한 번 안 걸렸던 남편 슈이치 씨가 고혈압 진단을 받은 것은 90세가 되던 해였습니다.

"남태평양을 좋아하던 남편이 그토록 가고 싶어 하던 타히티를 혼자 여행하고 온 뒤였어요. '여보, 최근 다리가 심하게 부어요'라고 하기에 근처 병원에 가 진찰을 받게 했더니 노환이 와서 신장이 나빠졌다고 하더군요."

처음에는 약을 먹었는데 약 복용 경험이 거의 없었던 슈이치 씨에게는 이 자체로 자극이 상당해서 치료를 일단 중지하게 되었습니다.

"그래서 결국 식사로 어떻게든 해결해야겠다는 각오를 하게 되었죠." 우선, 음식에 염분을 철저하게 배제하는 것이 좋겠다고 생각한 히데코 씨는 감칠맛이 도는 '맛국물'을 떠올렸습니다. 이렇게 해서 엄선된 재료로 만든 세상에 하나뿐인 그녀의 맛국물(국물을 낼 때 쓰는 베이스)이 탄생하게 되었습니다.

우선 1번 맛국물를 만든 다음 2번 맛국물를 만듭니다. 둘 다 많이 만들어 병에 담아 냉장고에 저장합니다. 그 맛국물로 톳, 다시마조림 등 여러 가지 반찬을 만들어 이것 또한 나눠 저장합니다. 염분이 들지 않아서 혹시라도 남편이 질려 할까 봐 히데코 씨는 식감에 변화를 주었다고 합니다. "밥과 신선한 샐러드, 맛국물로 만든 국, 만들어둔 반찬을 조금씩 여러 가지로 내놓았습니다. 남편은 말없이 먹긴 했지만 보고 있으면 가여웠어요."

그녀의 노력이 열매를 맺어 혈압은 한 달 만에 정상으로 돌아왔지만, 이후로도 요리에 신경을 썼기 때문에 맛국물 만들기는 습관이 되었다고 합니다. 남편의 건강을 되찾기 위해 만든 맛국물, 이제는 딸들을 위해 열심히 만들고 있습니다.

1·2번 맛국물

만드는 법

1. 냄비에 다시마와 물을 듬뿍 넣고 반나절에서 하룻밤 정도 둔다.
2. ①을 약한 불이나 중간 불 정도로 가열하면서 물이 줄어들면 계속 보충하면서 1시간 정도 끓인다.
3. 가다랑어포(가츠오부시)를 두 주먹 정도 넣고 끓어오르면 다시마를 꺼내고 체에 거르면 '1번 맛국물' 완성.
4. ③에 건새우, 건관자, 닭고기 등을 넣고 보글보글 끓이면 '2번 맛국물'이 된다. 2가지 맛국물을 요리할 때의 식재료 상태나 먹고 싶은 맛으로 구별해 사용한다.

CATALOGUE

기능과 디자인으로 선택하는 유리병

저장용 유리병의 발상지라고 할 수 있는 프랑스를 기점으로
세계적으로 200년 가까이 애용되고 있는 여러 저장병 브랜드가 있습니다.
잼, 조미료 등을 담고 저장하기 쉽게 만들어진 병들은
각 나라의 진수가 조금씩 느껴지는 디자인을 선보입니다.
여기에 저장병 중에서도 대표적인 브랜드의 제품을 모아봤습니다.

동양글라스

1888년에 문을 연 일본의 저장병 브랜드입니다.
동양글라스라는 이름으로 판매되진 않지만 다양한 조미료와 음료 등이 담긴
일본에서 가장 흔히 볼 수 있는 저장병이 바로 동양글라스 사의 제품입니다.
용도에 맞는 모양이나 색상, 무늬 등 다양한 스타일로 판매되고 있습니다.

• 동양글라스 제품은 일본의 슈퍼마켓, 잡화점 등에서 판매된다.
  병의 바닥에 T1, T3라고 각인되어 있으면 동양글라스 제품이다.

웩 [WECK]

딸기 무늬가 트레이드마크인 독일 브랜드입니다.
별도로 판매하는 고무링과 클립을 사용한 밀폐 방식이 특징으로, 이런 저장병을 '캐니스터'라고 부릅니다.
오븐에서 사용 가능하며 뚜껑 없이도 쓸 수 있어 그릇으로도 활용됩니다.

· 오븐에서 사용할 때는 80℃ 이상의 급격한 온도 차에 주의해야 한다.

고무링 & 클립 세트

병 속에 음식물을 저장하기 위해 필요한 부속품으로 각각의 병에 맞게 S, M, L, XL의 4가지 사이즈로 제작된다. 이외에 실리콘 제품도 있다.

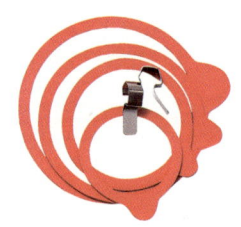

Straight 1000㎖

냉장고 서랍 칸에 쏙 수납되는 모양과 사이즈로 육수와 같이 자주 쓰는 대용량 액체류를 담기 좋다. 가루류를 보관하기에도 편리하다.

Straight 600㎖

액체류의 저장을 염두에 두고 고안된 'Straight' 시리즈. 테이블 위에 놓고 쓰는 시럽이나 맛간장, 소스 등을 담기 좋다.

Juice Jar 290㎖

손으로 병을 잡는 부분이 쏙 들어가 있어 액체류를 담기 좋은 타입. 집에서 만든 주스나 스무디를 담으면 좋다.

Delikatessen 180㎖

음료를 담고 바로 마실 수 있도록 컵처럼 만든 병. 별도로 판매하는 나무 뚜껑과 함께 세트로 사용하면 멋진 텀블러가 된다.

책에 등장하는 제품

1. Tulip Shape 1000㎖(p.167)
2. Mold Shape 250㎖(p.111)
3. Mold Shape 230㎖(p.110)
4. Gourmet 250㎖(p.153)
5. Tulip Shape 200㎖(p.157)
6. Mold Shape 500㎖(p.125)
7. Tulip Shape 500㎖(p.153, 157, 185)

보르미올리 로코 [BORMIOLI ROCCO]

1825년 이탈리아의 작은 도시 파르마에서 탄생해 집안 대대로 내려온 브랜드입니다.
필기체의 화려한 로고와 모양에서 이탈리아의 열정과 장인정신이 느껴집니다.
뚜껑은 스크루 타입과 클립 타입, 스윙 타입, 코르크 타입, 총 4가지가 있습니다.

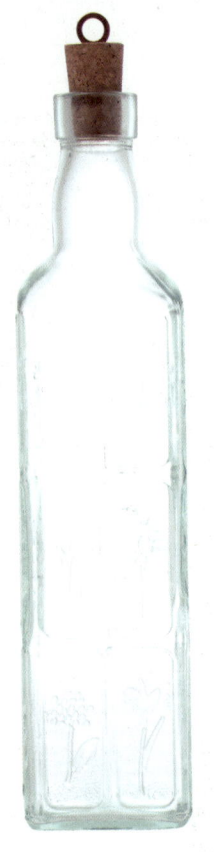  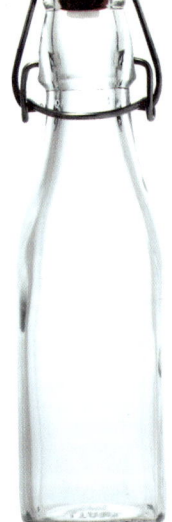 

Country Home Fiori Bottle

입체적인 꽃무늬가 들어간 재생 유리병 시리즈. 파티 자리에 와인이나 조미료를 담아 놓으면 화사한 분위기를 연출할 수 있다. 교체용 코르크는 별도로 판매.

Swing Bottle 0.5ℓ

볼록한 라인이 귀여운 병. 플레이버 오일(식용 향료)이나 비니거, 맛간장 등 직접 만든 조미료를 저장하는 용도로 사용하면 좋다.

Swing Bottle 0.25ℓ

스윙 보틀 0.5ℓ보다 한 단계 작은 사이즈로 한 번 정도 사용할 조미료나 오리지널 허브오일을 만들어 선물하기에 적당한 크기다.

Q.S Handle Jar 0.5ℓ

머그잔으로도 사용할 수 있는 손잡이가 달린 병. 오랜 시간 동안 농축액을 추출하는 플레이버 워터(일반 물에 향을 더한 음료) 등을 담기에 제격이다.

책에 등장하는 제품

1. Feed Jar 750㎖(p.117, 171)
2. Q.S Jar 0.5ℓ(p.189)
3. Q.S Jar 0.25ℓ(p.193)
4. Feed Jar 1000㎖(p.149, 163)

킬너 [KILNER]

영국을 대표하는 주방용품 브랜드에서 출시한 병.
1840년에 만들어진 저장병의 원조격인 이 병은 '자(Jar)'라고 불립니다.
버터를 만들고 보관하기 위한 특대 사이즈의 병도 있을 만큼
모양, 무늬, 크기, 부속품까지 그 종류가 다양합니다.

Clip Top Bottle Handled 200㎖

조미료를 넣고 쓸 때 편리하도록 손잡이가 달렸다. 세련된 모양과 붉은색의 브랜드 로고가 테이블 분위기를 돋운다.

Round Twist Top Jar 228㎖

뚜껑을 살짝 돌려서 여닫는 병으로 사용하기 편하다. 분말이나 페스토 같은 조미료, 잼이나 마멀레이드를 저장해도 좋다.

Round Twist Top Jar 43㎖

딥(침이나 채소에 발라먹는 크림, 소스를 넣어 피크닉에 갖고 가고픈 작은 사이즈의 병. 파란색 체크무늬의 뚜껑은 어디에서나 돋보인다.

Clip Top Bottle Vintage 1ℓ

여러 번 사용이 가능하고 밀폐 기능도 뛰어난 플라스틱 뚜껑을 쓴 클립식 병. 음료부터 조미료까지 폭넓은 용도로 사용할 수 있다.

Honey Pot & Drizzler

꿀을 덜 수 있는 전용 허니디퍼가 세트로 나온 병. 통통한 둥근 모양이 사랑스럽다. 초콜릿이나 소스를 저장하기 적당하다.

책에 등장하는 제품

1. Round Clip Top Jar 2ℓ(p.142)
2. Square Clip Top Jar 1.5ℓ(p.139)
3. Preserve Jar 0.5ℓ(p.121)
4. Round Clip Top Jar 3ℓ(p.141)
5. Preserve Jar 0.25ℓ(p.133)
6. Round Clip Top Jar 0.5ℓ(p.201)

르 파르페 [LE PARFAIT]

저장용 유리병의 고향이라 할 수 있는 프랑스 샹파뉴 지방에서 1935년에 창업한 저장병 브랜드. 병을 '자(Jar)'라고 부르며 테린, 잼 등 담는 식재료가 병 이름에 사용되는 것이 특징입니다. 병을 꾸미는 라벨도 인기가 많습니다.

Bocal Jar 500cc
둥그런 모양이라서 체리나 방울토마토 같은 작은 채소나 과일을 담기 적합하다. 혹은 과자류를 담기에도 좋다.

Bocal Jar 1000cc
호박이나 아스파라거스, 오이 등 얇고 긴 채소의 형태를 살려 피클을 담글 때 가장 적합한 사이즈다. 냉장고 서랍 칸에 딱 맞게 수납돼 사용하기 편리하다.

Bocal Jar 1500cc
'보칼(Bocal)'은 채소나 과일을 저장하는 병을 의미하며 이러한 식품을 저장하기 위해 만들어졌다. 큰 사이즈의 보칼 자는 매실주를 담기에 좋다.

루이지 보르미올리 [LUIGI BORMIOLI]

샤넬의 향수병이나 투명한 와인글라스 등으로 유명한 글라스 브랜드. 신선하고 세련된 모양이 특징으로 클립 타입의 병은 뚜껑이 완전히 분리됩니다.

Carafe Lock-Eat 250㎖
펭귄을 닮은 음료용 병. 혼자 마실 물이나 음료를 담기에 편리한 사이즈로, 식기세척기 사용도 가능하다.

Terrina Lock-Eat 200㎖
식재료를 저장하는 용도로 개발된 'Lock-Eat' 시리즈 중 가장 작은 사이즈. 잼이나 페스토 저장에 알맞고 뚜껑을 떼어내서 그릇으로 써도 된다.

책에 등장하는 제품

1. Terrine Jar 125cc(p.129)
2. Terrine Jar 500cc(p.107, 197)
3. Double Cap Jar 500cc(p.175)
4. Double Cap Jar 750cc(p.145)
5. Double Cap Jar 350cc(p.179)
6. Terrine Jar 200cc(p.129)

COLUMN **유리병을 더 잘 쓰기 위한 팁**

◆ 유리병 탈기하기 ◆

병을 밀폐한 후 물에 끓이는 것을 '탈기脫氣'라고 합니다. 탈기를 하면 병 속의 공기가 빠져 식재료의 산화를 막고 보관할 수 있는 기간이 늘어납니다.

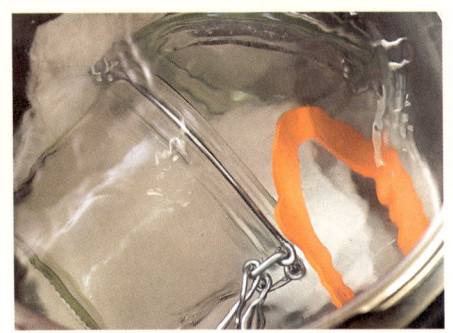

1 저장병과 고무링은 깨끗하게 씻어서 끓는 물에 소독한다. 병이 냄비 바닥에 바로 닿아 열기로 깨지는 것을 막기 위해 바닥에 행주나 키친타월을 깐다.

2 병이 뜨거울 때 식재료를 채우고 뚜껑을 닫는다. 식재료는 병의 80% 정도 차도록 채운다. 병 입구가 지저분하면 깨끗한 행주나 키친타월로 닦는다.

3 깊이가 있는 냄비 바닥에 행주 또는 키친타월을 깔고 병을 넣은 다음 병이 잠길 정도까지 미지근한 물을 붓고(병보다 3~5㎝ 정도 위로 올라오게) 센 불에 끓인다.

• 뚜껑을 열 때는 고무링을 잡아당기거나 지렛대의 원리로 밀어 올린다. 사용하는 병에 따라 방법이 다르므로 설명서를 잘 읽고 확인할 것.

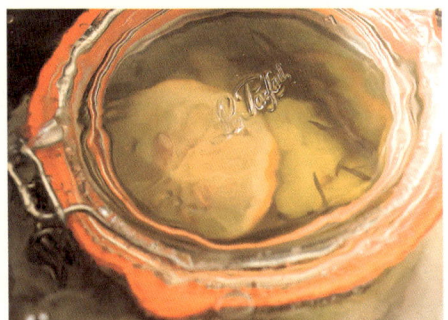

4 끓어오르기 시작하면 부글부글 잔거품이 일면서 끓을 수 있게 불 조절을 하고 30분 정도 가열한다. 이후 불을 끄고 그대로 식힌다. 뚜껑이 쉽게 열리지 않는 상태가 되면 탈기 완료.

◆ 조리하면서 탈기도 할 수 있는 메뉴 ◆

요리부터 탈기까지 한 번에 가능한 레시피가 있습니다.
병에 재료를 담고 불에 끓이는 과정만 거치면 되는데, 특히 '콩피'를 추천합니다. 콩피는 오일에 넣고
오래 끓이면 식재료의 잡내가 없어지고 감칠맛이 오일에 배어 나와 놀랄 정도로 맛있어집니다.

> 기본 레시피

닭고기 콩피

재료   500㎖ 저장병 1개 분량

닭가슴살 2장

A ┌ 소금 2작은술
   └ 후추 약간

B ┌ 통째로 썬 레몬 1/2개
   │ 레몬즙(1/2개 분량)
   └ 로즈메리 2줄기

올리브오일 적당량

만드는 법

1. 닭고기를 반으로 썰어 저장병에 담고 A를 넣어 버무린다. 그다음 B를 넣고 닭고기가 잠길 정도까지 올리브오일을 부은 다음 뚜껑을 닫는다.

2. 깊이가 있는 냄비 바닥에 행주나 키친타월을 깔고 ①을 넣은 후 병이 잠길 정도까지 물을 붓고 센 불에서 끓인다. 끓기 직전에 불을 줄여 90℃에서 60분가량 가열한다. 불을 끄고 그대로 식힌다.

STOCK   냉장고에서 1개월 저장 가능
USE IT   르 파르페 사의 'Terrine Jar 500cc'

탈기의 장점

- 병 속을 진공 상태로 밀폐하면 음식물의 장기간 보존이 가능해진다.
- 공기나 세균과의 마찰이 식재료가 상하는 주원인이다. 병 속의 공기를 빼고 밀폐하면 그럴 염려가 없어 음식물을 신선하게 유지할 수 있다.
- 밀폐해서 저장하는 동안 맛이 숙성된다. 오일이나 소금 등 함께 넣는 조미료에 의해 재료의 감칠맛이 응축되거나 조미료의 감칠맛이 배어 나와 맛이 한층 깊어진다.

> 응용 레시피

아보카도와 콩피 샐러드

만들어둔 닭고기 콩피에 아보카도, 토마토를 섞는다.
그다음 콩피 오일, 레몬즙을 넣고 버무린 후 소금, 후추로 간을 한다.

채 썬 채소와 냉 파스타

닭고기 콩피, 양상추, 홍피망을 채 썰어 파스타면 위에 올린다. 그다음 콩피 오일을 두르고 소금, 후추로 간을 한다.

치킨 토마토 오믈렛

닭고기 콩피와 방울토마토를 오믈렛 속재료로 사용해 만든다.

저장식의 장점 1

- 병이 바로 조리기구가 된다. 냄비에서 요리한 음식을 병에 옮겨 담는 것이 아니라 병에 재료를 넣고 그대로 끓이고 조리할 수 있다.
- 간접 가열을 하기 때문에 식재료가 푸석해지지 않는다. 병에 넣고 가열하면 식재료를 냄비에 직접 넣는 것보다 저온으로 조리되기 때문에 단백질 성분이 딱딱해지지 않고 촉촉하게 완성된다.
- 밀폐한 상태로 요리하므로 감칠맛이 날아가지 않는다. 조리하는 중 식재료의 감칠맛이나 풍미가 밖으로 빠져나가지 않고 병 속에 그대로 남는다. 영양 손실을 방지하는 효과도 있다.
- 조리한 그대로 저장할 수 있다. 조리기구로 사용한 병이 그대로 저장 용기가 되기 때문. 개봉하지 않으면 장기간 저장도 가능하다.

◆ 유리병 하나만 있으면 완성되는 메뉴 ◆

내열용 저장병은 요리 준비부터 완성까지 모두 한 번에 가능한 우수한 조리기구입니다.
오븐에 바로 넣어 과자나 빵을 구우면 병에 담긴 모습 그대로 완성되어 나옵니다.
병에 구웠다는 이유 하나만으로 요리가 좀 더 특별해지니, 참 근사한 그릇입니다.

카망베르치즈 케이크

재료 230㎖ 저장병 1개 분량

A ┌ 박력분 40g
  │ 베이킹파우더 1/4작은술
  │ 수수설탕(또는 설탕) 5g
  └ 소금 약간

B ┌ 달걀 20g
  │ 참기름 1큰술
  └ 우유 20g

건포도 5g
카망베르치즈 10g

만드는 법

1   저장병에 A를 담고 가볍게 섞는다. 그다음 B를 넣고 마찬가지로 가볍게 섞은 후 건포도를 넣고 잘 섞어준다.

2   ①에 카망베르치즈를 올리고 180℃로 예열한 오븐에서 10분간 굽는다.

USE IT 웩 사의 'Mold Shape 230㎖'
MEMO 빵을 반죽하는 과정과는 많이 다르다. 반죽을 섞을 때 고무 주걱으로 가르듯이 가볍게 섞어야 한다.

식사용 빵

재료 250㎖ 저장병 1개 분량
A ┌ 강력분 80g
  │ 수수설탕(또는 설탕) 2작은술
  │ 소금 1.5g
  └ 드라이 이스트 1g
35~40℃의 미지근한 우유 70cc
올리브오일 1작은술

만드는 법

1. 저장병에 A를 넣고 잘 섞는다. 그다음 우유와 올리브오일을 넣고 덩어리가 지지 않도록 골고루 섞는다.
2. ①이 끝나면 뚜껑을 닫고 35℃에서 45분간 1차 발효시킨다. 뚜껑에 붙은 반죽은 떼어내 반죽에 합친다.
3. 나무젓가락으로 저어 반죽의 공기를 빼고 표면을 깔끔하게 정리한다. 정리가 끝나면 랩을 씌우고 30℃에서 40분간 2차 발효시킨다.
4. 200℃로 예열한 오븐에서 10~13분간 굽는다.

USE IT 웩 사의 'Mold Shape 250㎖'
MEMO 반죽에 찰기가 생길 때까지 나무젓가락을 2~3분 동안 둥글게 돌리며 잘 섞는다. 젓가락 대신 가는 고무 주걱을 써도 된다.

저장식의 장점 2

- 병에 바로 요리를 하면 조리 시 가열할 필요도 없고 설거지를 따로 하지 않아도 된다. 재료를 병 속에 담고 바로 섞을 수도 있으니 그야말로 일석삼조.
- 병에 담은 요리는 오븐에서도 조리가 가능하다. 병은 고온에 강하기 때문에 오븐이나 전자레인지에 사용해도 된다. 단, 급격한 온도 변화가 있을 경우에는 주의한다.
- 조리 후 병째로 식탁에 올릴 수 있다. 예쁜 병이 식탁을 꾸미는 하나의 테이블웨어가 된다.

사계절
보틀 쿠킹 레시피

사계절이 뚜렷하다는 건 계절마다 맛볼 수 있는 신선한 제철 재료가 있음을 의미합니다. 따스한 봄, 무더운 여름, 쌀쌀한 가을, 추운 겨울…, 우리나라는 계절마다 색다른 날씨를 보이기 때문에 철에 따라 작물이 자라고 익습니다. 비록 이젠 하우스 재배가 일반화되어 제철 재료의 특별함이 사라지고 있지만 그래도 자연 본연의 맛은 기술이 따라잡을 수 없다고 자신합니다.
이제 한 계절이 질 때의 아쉬움을 유리병으로 달래봅시다. 반찬을 미리 만들어두고, 조미료를 저장해두고, 식재료를 발효시켜 보관할 수 있는 저장병은 사계절의 맛을 간직하기에도 걸맞습니다. 지금부터 제철 재료와 유리병만 있으면 누구나 쉽게 만들 수 있는 레시피를 소개합니다.

봄

Spring

레몬

레몬을 소금과 끓는 물에 숙성시키면 신맛이 한결 부드러워지고 향도 깊어집니다.
이렇게 조리한 레몬은 타진(모로코식 냄비 스튜) 요리 등에 많이 사용하는 북아프리카의 대표적인 발효 조미료가 됩니다. 요리에 사용하면 산뜻한 맛과 깊이를 더해줍니다. 풍미가 녹아든 시럽이나 껍질, 알맹이 모두 사용해도 좋습니다.

Lemon

> 기본 레시피

레몬 콩피

STOCK   실온에서 6개월 가능
USE IT   보르미올리 로코 사의 'Feed Jar 750㎖'

재료 750㎖ 저장병 1개 분량

왁스 코팅되지 않은 국산 레몬 5개
소금 150g
월계수 잎 1장

만드는 법

1 레몬은 씻어 꼭지를 제거하고 1/3 정도를 남긴 상태로 깊게 십자 칼집을 낸다. 그다음 소금 2큰술을 칼집 넣은 레몬 속에 넣고 비빈다.

2 저장병에 ①과 월계수 잎을 넣고 병 입구까지 뜨거운 물을 붓고 뚜껑을 닫는다. 햇볕이 들지 않는 실온에서 1개월 정도 자연 숙성한다.

응용 레시피 1

돼지 등심 소테

재료 4인분

돼지 등심 4장
소금, 후추, 올리브오일 약간씩
화이트와인 2큰술
A ┌ 레몬 콩피 시럽 2작은술
  │ 잘게 썬 레몬 콩피 1/2개
  └ 꿀 2큰술

만드는 법

1 돼지고기의 비계 부분에 칼집을 넣고 소금, 후추를 뿌린다.

2 프라이팬에 올리브오일을 두르고 중간 불에서 ①을 앞뒤로 바삭하게 굽는다. 화이트와인을 두르고 뚜껑을 덮은 다음 약한 불에서 2~3분간 익힌다. A를 넣고 1~2분간 조린다.

응용 레시피 2

쿠스쿠스 샐러드

재료 4인분

쿠스쿠스 200g
소금 약간
물 200㎖
올리브오일 2큰술
사방 1cm 크기로 썬 오이 1개
사방 1cm 크기로 썬 홍색, 노란색 파프리카 각 1/4개
A ┌ 레몬 콩피 시럽 2큰술
　 │ 채 썬 레몬 콩피 껍질 1/4개
　 └ 올리브오일 1큰술
반으로 썬 방울토마토 8개
셀피유(허브의 일종) 적당량

만드는 법

1 볼에 쿠스쿠스, 소금, 뜨거운 물 200㎖를 넣고 재빨리 섞은 다음 랩을 씌워 10분 정도 불린다. 올리브오일을 두르고 다시 재빨리 섞는다.

2 다른 볼에 오이, 파프리카, A를 넣고 버무린 다음 방울토마토와 함께 ①에 넣고 섞는다. 그릇에 담고 셀피유로 장식한다.

· **쿠스쿠스** : 좁쌀 모양의 파스타

죽순

봄을 대표하는 미각 재료를 꼽으라고 하면 단연 죽순입니다. 대지의 기운을 듬뿍 받은 영양 만점 식재료지요. 죽순을 올리브오일에 절이면 서양 요리와도 잘 어울리는 식재료가 됩니다. 오일에 숙성된 죽순은 특유의 알싸함은 사라지고 본연의 맛이 한층 진해집니다. 생죽순을 조리해 바로 먹어도 맛있지만 저장해서 먹으면 죽순의 또 다른 매력을 맛볼 수 있습니다.

Bamboo shoot

기본 레시피

죽순 오일 절임

STOCK 실온에서 1년 저장 가능
USE IT 킬너 사의 'Preserve Jar 0.5ℓ'

재료 500㎖ 저장병 2개 분량

삶은 죽순 800g
소금 1/2작은술
A ┌ 올리브오일 400㎖
　├ 카놀라유 200㎖
　├ 월계수 잎 2장
　└ 후추 1작은술

만드는 법

1 삶은 죽순은 얇게 썰어서 물기를 완전히 제거한다.

2 냄비에 ①을 넣고 소금을 뿌린다. A를 넣고 중간 불에서 끓이다 오일이 보글보글 끓기 시작하면 약한 불로 줄이고 그 상태 그대로 40분간 끓인다.

3 저장병에 ②를 담고 뚜껑을 닫은 다음 탈기해서 일주일간 숙성시킨다.

• 오일이 부족하면 적당량의 올리브오일을 더해도 좋다

응용 레시피 1

죽순과 해산물 마리네

재료 4인분

오징어 1마리
새우 8마리
문어 100g
얇게 편 썬 마늘 1쪽
죽순 오일 절임의 오일 1큰술
A ┌ 죽순 오일 절임의 오일 2큰술
  │ 식초 1큰술
  └ 소금 1/2작은술
죽순 오일 절임 200g
타임 적당량

만드는 법

1. 오징어는 잘 씻어 내장을 제거하고 몸통은 링 모양, 다리는 먹기 좋은 크기로 썬다. 새우는 껍질과 등 쪽 내장을 제거하고 문어는 한입 크기로 썬다.

2. 프라이팬에 죽순 오일 절임의 오일과 마늘을 넣고 약한 불에서 볶은 다음 향이 나기 시작하면 ①의 오징어와 새우를 넣고 재빨리 볶는다. 뚜껑을 덮고 5~6분간 익힌 다음 문어를 넣고 재빨리 볶으면서 섞는다.

3. 볼에 A를 넣고 섞은 다음 죽순 오일 절임을 넣고 버무린다. ②를 넣고 섞은 다음 한 김 식으면 냉장고에서 식힌다. 그릇에 담고 타임으로 장식한다.

> 응용 레시피 2

죽순 필래프

재료 4인분

죽순 오일 절임의 오일 1큰술
다진 양파 1/4개
다진 셀러리 10㎝
씻어서 물기를 뺀 쌀 2홉
먹기 좋은 크기로 썬 죽순 오일 절임 150g
물 350㎖
소금 수북한 1작은술
다진 파슬리 3큰술
치즈 가루, 후추 적당량

만드는 법

1 프라이팬에 죽순 오일 절임의 오일을 두르고 중간 불에서 달군 다음 양파, 셀러리를 넣고 재빨리 볶는다. 양파가 투명해지면 쌀과 죽순 오일 절임을 넣어 볶고 쌀에 오일이 배어들면 밥솥에 옮겨 담은 다음 물과 소금을 넣고 밥을 짓는다.

2 밥이 다 되면 아래위로 한번 섞어주고 파슬리, 치즈 가루를 넣고 섞은 다음 후추를 뿌린다.

머윗대

산으로부터 오는 봄의 선물 머윗대.
특유의 쌉쌀한 맛과 아삭한 식감이 잠든 미각을 깨우기에 그만입니다. 통통한 줄기가 수분을 듬뿍 머금고 있을 때 바로 졸이면 조리한 후에도 수분을 그대로 유지할 수 있습니다. 여기에 소금과 술을 더하면 맛이 농축되어 식감도 훨씬 좋아집니다. 그러면 조림은 물론 다양한 요리가 절로 떠오른답니다.

Butterbur

기본 레시피

머윗대 조림

STOCK   실온에서 3개월 저장 가능
USE IT   웩 사의 'Mold Shape 500㎖'

재료 500㎖ 저장병 1개 분량

머윗대 1개
소금 적당량
A ┌ 물 130㎖
   │ 청주 50㎖
   └ 소금 1/2작은술

만드는 법

1 머윗대는 15㎝ 길이로 자르고 소금을 듬뿍 뿌려 절인다.

2 끓는 물에 ①을 넣고 3~4분 데친 다음 껍질을 벗겨 물에 담가둔다.

3 저장병에 ②를 담고 한소끔 끓인 A를 붓는다. 뚜껑을 닫고 탈기한 다음 하루 동안 숙성시킨다.

> 응용 레시피 1

머윗대 밥

재료 4인분

머윗대 조림 80g
따뜻한 밥 300g
소금 적당량
염장 다시마 10g
무순 적당량

만드는 법

1 2~3㎜ 두께로 둥글게 썬 머윗대 조림과 소금, 염장 다시마를 밥에 넣고 섞는다. 그릇에 담고 무순으로 장식한다.

> 응용 레시피 2

머윗대와 튀긴 두부 조림

재료 4인분

머윗대 조림 100g
튀긴 두부 1장
A ┌ 물 50㎖
  │ 청주 2큰술
  └ 간장 1/2큰술

만드는 법

1 머윗대 조림을 먹기 좋은 크기로 썬다. 두부는 튀겨서 준비한다.

2 냄비에 튀긴 두부를 적당한 크기로 찢어 넣은 다음 ①과 A를 넣고 조린다.

산초

봄의 끝 무렵부터 제철을 맞이하는 산초.
식욕을 자극하는 시큼한 맛과 아주 강렬한 향을 가지고 있지만 잘 보관하지 않으면 특유의 맛과 향이 사라지기 때문에 산초의 풍부한 향과 매운 맛을 제대로 느끼려면 선도가 매우 중요합니다.
신선한 산초를 구하면 소금이나 간장에 절여 저장하는 것이 정답입니다. 산초 절임은 조림이나 볶음 요리에 허브로 사용하기 좋습니다.

Japanese pepper

> 기본 레시피 1

산초 소금 절임

STOCK   실온에서 1년간 저장 가능
USE IT   르 파르페 사의 'Terrine Jar 200cc'

재료   200㎖ 저장병 1개 분량

산초 80g
A ┌ 물 100㎖
  │ 소주 25㎖
  └ 소금 1작은술

만드는 법

1. 넉넉한 물에 산초를 깨끗이 씻는다. 소금을 약간(분량 외) 넣고 끓인 물에 1~2분간 데친 다음 흐르는 물에 씻은 뒤 물이 담긴 볼에 하룻밤 정도 담가둔다. 중간에 2~3회 정도 물을 갈아준다. 작은 줄기 등을 골라내고 물기를 제거한다.

2. 저장병에 ①을 담고 한소끔 끓인 A를 부은 다음 뚜껑을 닫고 탈기한다.

▽ 산초 간장 절임

△ 산초 소금 절임

> 기본 레시피 2

산초 간장 절임

STOCK   실온에서 1년간 저장 가능
USE IT   르 파르페 사의 'Terrine Jar 125cc'

재료   125㎖ 저장병 1개 분량

산초 60g
A ┌ 간장 3큰술
  └ 청주 2큰술

만드는 법

1. 산초 소금 절임의 공정 ①과 똑같이 만든다.

2. 저장병에 ①을 담고 A를 부은 다음 뚜껑을 닫고 탈기한다.

응용 레시피 1

꽁치 산초 조림

재료 4인분

A ┌ 청주, 물 각 100㎖
  └ 미림, 설탕, 간장 각 4큰술
산초 간장 절임 50g
4등분한 꽁치 4마리

만드는 법

1 냄비에 A와 산초 간장 절임을 넣고 끓인다. 꽁치를 넣고 뚜껑을 덮은 다음 20~25분간 조린다.

> 응용 레시피 2

잔멸치 산초 볶음

재료 4인분

산초 소금 절임 50g
A ┌ 미림, 청주, 간장 각 2큰술
  └ 설탕 1큰술
잔멸치 120g

만드는 법

1 산초 소금 절임을 뜨거운 물에 30분 정도 담가 소금기를 뺀 후 체에 밭쳐 물기를 제거한다.
2 냄비에 A를 넣고 끓어오르면 ①과 잔멸치를 넣고 물기가 사라질 때까지 바짝 조린다.

꼴뚜기

앙증맞은 크기에 씹는 맛이 좋은 꼴뚜기는 4, 5월이 제철입니다. 제철을 맞아 살이 통통하게 오른 꼴뚜기를 오일에 담가 천천히 익히면 내장이 오일에 녹아들어 향과 맛이 훨씬 풍부해지지요. 내장이 녹아든 오일의 맛도 아주 일품입니다.

꼴뚜기 절임은 양식, 중식 같은 이국의 요리에도 잘 어울리니 다양한 요리에 폭넓게 사용해보세요.

Firefly squid

기본 레시피

꼴뚜기 오일 절임

STOCK 실온에서 6개월 저장 가능
USE IT 킬너 사의 'Preserve Jar 0.25ℓ'

재료 250㎖ 저장병 2개 분량

데친 꼴뚜기 100g
올리브오일 300㎖
월계수 잎 2장
소금 1/2작은술

만드는 법

1 프라이팬에 모든 재료를 넣고 중간 불에서 끓인다. 오일이 보글보글 끓어오르기 시작하면 약한 불로 줄이고 그 상태 그대로 20~30분간 익힌다.

2 저장병에 ①을 담고 뚜껑을 닫은 다음 탈기하고 하루 동안 숙성시킨다.

• 오일이 부족하면 적당량의 올리브오일을 더해도 좋다.

> 응용 레시피 1

꼴뚜기 토마토 파스타

재료 4인분

스파게티 350g
꼴뚜기 오일 절임의 오일 3큰술
얇게 채 썬 양파 1/2개
다진 블랙 올리브 6알
다진 케이퍼(향신료의 일종) 10g
토마토 통조림 450g
꼴뚜기 오일 절임 100g
소금, 다진 파슬리 각 적당량

만드는 법

1. 넉넉한 양의 끓는 물에 소금을 넣고 스파게티를 삶은 다음 면을 체에 밭쳐 물기를 제거하고 그릇에 담는다.

2. 프라이팬에 꼴뚜기 오일 절임의 오일을 두르고 중간 불에서 양파, 블랙 올리브, 케이퍼가 숨이 죽을 때까지 볶는다. 토마토 통조림은 대충 으깬 다음 꼴뚜기 오일 절임과 같이 넣어서 끓인다.

3. ②를 ① 위에 올리고 파슬리를 뿌린다.

> 응용 레시피 2

꼴뚜기 파테

재료 4인분

꼴뚜기 오일 절임의 오일 2작은술
굵게 다진 양파 1/4개
굵게 다진 양송이버섯 3개
굵게 다진 셀러리 10㎝
꼴뚜기 오일 절임 20마리
A ┌ 화이트와인 2큰술
　└ 소금, 후추 각 소량씩
삶은 달걀 1개
버터 30g
다진 딜(허브의 일종) 1줄기

만드는 법

1　프라이팬에 꼴뚜기 오일 절임의 오일을 두르고 중간 불에서 양파, 양송이버섯, 셀러리가 숨이 죽을 때까지 볶는다.

2　①에 꼴뚜기 오일 절임을 넣고 볶은 다음 A를 넣고 물기가 없어질 때까지 조린 후 식힌다.

3　푸드프로세서에 ②, 삶은 달걀, 버터, 딜을 넣고 부드러운 페스토 상태로 간다.

여름

Summer

매실

피로 해소에 그만이지만 독성이 있어 옛날부터 생으로는 먹지 않았던 매실. 그래서 매실은 대체로 소금이나 설탕 등에 절여 먹곤 합니다.

잼이나 농축액을 만들거나 술을 담가두면 계절이 지나도 오래 먹을 수 있고 장아찌로 만들면 아삭한 식감은 살고 떫은맛까지 제거하여 매실 본연의 과육을 즐길 수 있답니다.

비록 만드는 데 꽤 수고가 들긴 하지만 맛이 시고 독성까지 있는 매실을 건강하고 맛있게 먹기 위한 선조의 지혜가 담긴 저장법입니다.

기본 레시피

매실 장아찌

STOCK   실온에서 수년간 저장 가능
USE IT   킬너 사의 'Square Clip Top Jar 1.5ℓ'

재료 1500㎖ 저장병 1개 분량

황매실 1kg
소주 50㎖
소금 180g
자색 차조기 300g

만드는 법

1. 지퍼가 달린 비닐봉지에 전처리한 매실을 넣고 소주를 부은 다음 잘 버무린다. 소금(150g)을 넣고 다시 잘 버무려 공기를 빼서 밀폐한다. 하루에 한 번 아래위로 뒤집어주면서 매실즙이 나올 때까지 실온에서 숙성시킨다.

2. 자색 차조기는 깨끗이 씻어 물기를 완전히 제거한다.

3. 볼에 ②를 넣고 나머지 소금(30g)을 뿌린 다음 검은 물이 나올 때까지 잘 치대고 수분을 꽉 짠다. 여기에 ①의 매실즙 일부(약 15㎖)를 넣고 잘 치댄 다음 수분을 꽉 짠다. 다시 남은 매실즙(약 15㎖)을 넣고 잘 치댄 다음 수분을 꽉 짠다.

4. 병에 ①의 매실, ③의 차조기를 차례로 넣고 물을 담은 비닐 2장(일종의 누름돌 역할)을 겹쳐 올린다. 물은 매실이 잠길 정도로 적당히 부으면 된다. 그다음 뚜껑을 닫고 반년 이상 숙성시킨다.

매실의 기본 전처리
물을 담은 큰 볼에 매실을 넣고 과육에 상처가 나지 않게 조심해서 씻은 다음 물을 갈고 5~6시간 담가둔다. 그다음 키친타월로 물기를 완전히 닦고 이쑤시개 등으로 꼭지를 제거한다.

> 응용 레시피

채소 무침

재료 4인분

참마 15㎝
오이 1개
매실 장아찌 1개
간장 약간

만드는 법

1 참마와 오이를 각각 비닐봉지에 넣고 밀대로 가볍게 두들긴다. 오이는 손으로 적당한 크기로 부순다.

2 매실 장아찌는 씨를 빼고 칼로 다진 다음 ①, 간장과 함께 버무린다.

> 기본 레시피

매실주

STOCK 실온에서 수년간 저장 가능
USE IT 킬너 사의 'Round Clip Top Jar 3ℓ'

재료 3000㎖ 저장병 1개 분량

청매실 1kg
흑설탕 400g
얼음설탕 200g
화이트 리큐어(증류한 소주) 1800㎖

만드는 법

1 기본 전처리한 매실에 이쑤시개로 개당 2~3군데씩 찔러 구멍을 낸다.

2 저장병에 ①, 흑설탕, 얼음설탕을 번갈아 가면서 담고 화이트 리큐어를 조심스럽게 붓는다. 뚜껑을 닫고 반년 이상 숙성시킨다.

• 얼음설탕은 일본에서 매실 절임이나 매실 엑기스를 만들 때 주로 사용한다. 인터넷에서 구입 가능하며 얼음설탕이 없는 경우에는 일반 백설탕을 써도 좋다. 얼음설탕은 백설탕에 비해 물이 덜 생기고 결정이 굵어 중간중간 아래위로 섞어줄 필요가 없다.

> 응용 레시피

돼지고기 매실주 조림

재료 4인분

삼겹살 400g
A ┌ 매실주 100㎖
  │ 물 50㎖
  └ 간장 1큰술
매실주 속 매실 4개

만드는 법

1 삼겹살은 포크로 몇 차례 찔러준다.

2 냄비에 A를 넣고 중간 불에서 끓기 시작하면 ①과 매실주 속의 매실을 넣는다. 다시 끓어오르면 조림 전용 뚜껑을 덮고 30~40분간 조린다.

기본 레시피

매실 시럽

STOCK 냉장고에서 1개월 저장 가능
USE IT 킬너 사의 'Round Clip Top Jar 2ℓ'

재료 2000㎖ 저장병 1개 분량
매실 1kg
소주 약간
얼음설탕 800g

만드는 법

1 기본 전처리한 매실을 소주를 묻힌 키친타월로 닦는다.

2 저장병에 매실과 얼음설탕을 번갈아 가면서 담고 뚜껑을 닫는다. 얼음설탕 시럽과 매실이 잘 섞이게 하루에 한두 번 아래위로 뒤집어준다. 얼음설탕이 완전히 녹으면 완성.

> 응용 레시피

매실 물만주

재료 4인분

매실 시럽, 물 각 100㎖
갈분 30g
매실 시럽 속 매실 4개

만드는 법

1. 냄비에 물과 갈분을 넣고 덩어리가 지지 않게 완전히 녹인 다음 매실 시럽을 넣고 중간 불에 올린다. 나무주걱으로 냄비 바닥까지 조심스럽게 저어주면서 끓인다. 바닥에 투명한 덩어리가 생기기 시작하면 나무주걱으로 재빨리 저어 풀어준다.

2. 지름 5~6㎝의 접시에 랩을 깔고 ①의 1/4 정도 되는 양을 담은 다음 매실 시럽의 매실 1개를 가운데 올린다.

3. 내용물을 둥글게 랩으로 감싼 후 랩의 끝부분을 쥐어짜듯이 비틀어 고무줄로 묶는다. 3개 정도 더 만들어 얼음물에 담가 10분 정도 식히고 랩을 벗긴다.

• 물만주는 일본식 화과자의 한 종류.

옥수수

고소한 낱알의 식감이 일품인 옥수수는 편리한 가공식품도 많아 일 년 내내 먹을 수 있는 재료지만 그래도 제철 특유의 부드러운 단맛은 아주 특별합니다. 옥수수는 신선할 때 삶아서 으깬 후 맛을 그대로 유지해주는 올리브오일과 함께 병 안에 꼭꼭 담아두세요. 알갱이는 원하는 크기로 으깨면 됩니다.

> 기본 레시피

옥수수 퓌레

STOCK   상온에서 3개월 저장 가능
USE IT   르 파르페 사의 'Double Cap Jar 750cc'

만드는 법

1. 냄비의 3~4㎝ 높이까지 미지근한 물을 채우고 소금과 옥수수를 껍질째로 넣은 다음 뚜껑을 덮고 중간 불에서 찐다. 식으면 껍질을 벗기고 칼로 알맹이를 훑어낸다.

2. 푸드프로세서 또는 핸드믹서에 ①을 넣어 굵게 으깬 뒤 소금 1작은술을 넣고 섞는다.

3. 저장병에 ②를 담고 윗면이 덮일 정도까지 올리브오일을 채운 다음 뚜껑을 닫고 탈기한다.

재료 750㎖ 저장병 1개 분량

옥수수 알맹이 1kg
소금 적당량
올리브오일 적당량

응용 레시피 1

콘 브레드

재료 4인분

A ┌ 옥수수 퓌레 1컵
  │ 우유 100㎖
  └ 식용유 50㎖

B ┌ 콘밀 130g
  │ 밀가루 150g
  │ 베이킹파우더 1작은술
  └ 소금 약간

만드는 법

1 A와 B를 각각 볼에 넣고 잘 섞는다.

2 B를 담은 볼에 A를 넣고 가루 재료가 잘 섞일 때까지 고무 주걱으로 자르듯이 섞는다.

3 오븐 시트를 깐 철판에 ②를 산 모양으로 쌓고 십자 모양의 칼집을 넣는다. 190℃로 예열한 오븐에서 25~30분간 굽는다.

응용 레시피 2

콘 수프

재료 4인분

판 젤라틴 5g
생크림 200㎖
버터 20g
얇게 채 썬 양파 1/2개
옥수수 퓌레 2컵
물 200㎖
우유 200㎖
마무리용 생크림 약간
흑후추 약간
로즈메리 적당량

만드는 법

1 판 젤라틴을 찬물에 담가 부드럽게 될 때까지 불린다. 생크림은 거품기로 저어 60% 정도까지(거품기를 들었을 때 부드럽게 떨어지는 정도) 거품을 낸다.

2 냄비에 버터와 양파를 넣고 중간 불에서 숨이 죽을 정도까지 볶는다. 그다음 퓌레와 물을 넣고 뚜껑을 덮은 다음 끓어오르면 약한 불로 줄여 10분간 더 끓인다.

3 ②에 ①의 판 젤라틴을 넣고 천천히 녹인 다음 볼에 옮겨 담고 볼째 얼음물에 담가 걸쭉해질 때까지 식힌다.

4 ③에 우유와 ①의 생크림을 넣어 섞고 차게 식힌 그릇에 옮겨 담은 다음 냉장고에서 식힌다. 먹기 직전에 묽게 거품을 낸 생크림을 끼얹고 흑후추를 뿌린 다음 로즈메리로 장식한다.

루바브

우리에겐 조금 생소하지만 예로부터 약용식물로 알려져 북유럽에서 많은 인기를 얻고 있는 루바브. 루비처럼 예쁜 색이 나서 파이나 디저트에 두루 사용하는 인기 식재료입니다. 생으로는 도저히 먹을 수 없을 정도로 신맛이 강하지만 설탕과는 궁합이 아주 좋아서 맛있는 화학반응을 일으킵니다. 루바브에 설탕을 더하면 부드러운 산미와 단맛이 일품인 맛있는 잼이 되지요. 이 잼은 고기와도 아주 잘 어울립니다.

Rhubarb

> 기본 레시피

루바브 잼

STOCK   상온에서 6개월 저장 가능
USE IT   보르미올리 로코 시의 'Feed Jar 1000㎖'

재료 1000㎖ 저장병 1개 분량

루바브 1kg
설탕 500g

만드는 법

1. 루바브를 1㎝ 두께로 썰어서 냄비에 넣는다. 설탕을 뿌리고 30분 정도 절였다가 중간 불에서 설탕이 녹으면서 루바브가 부드러워질 때까지 약 20분간 끓인다.
2. 저장병에 ①을 담고 뚜껑을 닫은 다음 탈기한다.

> 응용 레시피 1

돼지고기 소테

재료 4인분

얇게 썬 돼지 등심 500~600g
소금, 후추 약간씩
밀가루 4큰술
올리브오일 2큰술
화이트와인 80㎖
루바브 잼 5큰술

만드는 법

1 돼지고기는 먹기 좋은 크기로 어슷하게 썰고 소금, 후추를 뿌린 다음 밀가루를 묻힌다.

2 프라이팬에 올리브오일을 두르고 달군 다음 ①의 양면을 노르스름하게 굽는다.

3 ②에 화이트와인을 넣고 1분 정도 졸인 다음 잼을 넣고 끓어오르면 돼지고기에 끼얹는다.

> 응용 레시피 2

바게트 샌드위치

재료 만들기 쉬운 분량

반으로 썰어서 칼집 넣은 바게트 1개

브리치즈 샌드
루바브 잼 40g
얇게 썬 브리치즈 80g

BBQ 스테이크 샌드
스테이크용 소고기 1장
소금, 후추 약간씩
루바브 잼 2큰술
BBQ 소스(시판 제품) 2큰술
버터 10g
겨자 잎 1장

만드는 법

브리치즈 샌드

1 바게트 1/2개에 잼을 바르고 치즈를 올린다.

BBQ 스테이크 샌드

1 소고기에 소금, 후추를 뿌리고 프라이팬에 굽는다. 잼과 BBQ 소스를 넣고 고기 위에 끼얹은 다음 얇게 썬다.

2 바게트 1/2개에 버터를 바르고 겨자 잎과 ①을 올린다.

양하와 차조기

청량감 있는 독특한 향이 식욕을 자극하는 양하와 차조기는 여름에 빼놓을 수 없는 향신채소입니다. 식초에 담그면 산뜻한 맛이 더해지고 된장에 담그면 향이 깊어져서 무려 3가지 이상의 맛을 냅니다. 밥반찬으로도 조미료 대신으로도 사용할 수 있는 아주 다재다능한 저장식품입니다.

Japanese Ginger & Oba

> 기본 레시피 1

양하 단촛물 절임

STOCK   상온에서 3개월 저장 가능
USE IT   웩 사의 'Tulip Shape 500㎖'

만드는 법

1 냄비에 물 적당량과 소금을 넣고 끓인 다음 양하를 1~2초 잠깐 넣었다가 건져 체에 밭치고 한 김 식힌다.

2 저장병에 ①을 넣고 끓인 A를 붓는다. 뚜껑을 닫고 탈기한 다음 하루 동안 숙성시킨다.

• 단촛물 : 식초와 설탕을 섞은 것에 소금을 약간 넣어 만든 물.

재료 500㎖ 저장병 1개 분량

물 적당량
소금 1/2작은술
양하 300g
A ┌ 식초 150㎖
   │ 설탕 60g
   └ 소금 1/2작은술

> 기본 레시피 2

차조기 된장 절임

STOCK   상온에서 1개월 저장 가능
USE IT   웩 사의 'Gourmet 250㎖'

만드는 법

1 차조기는 씻어서 물기를 완전히 제거한다.

2 A를 섞는다.

3 저장병에 차조기 2~3장을 넣고 ②를 바르는 작업을 여러 번 반복한다. 뚜껑을 닫고 3일간 숙성시킨다.

재료 250㎖ 저장병 1개 분량

차조기 40장
A ┌ 된장 100g
   │ 고추장 20g
   │ 꿀 15g
   └ 참기름 1큰술

응용 레시피 1

돼지고기 양하 구이

재료 4인분

얇게 썬 돼지 등심 400g
소금, 후추 약간씩
미림 50㎖
식용유 약간
잘게 썬 양하 단촛물 절임 8조각
양하 단촛물 절임의 단촛물 1큰술

만드는 법

1 돼지고기에 소금, 후추, 미림을 넣고 버무린다.

2 프라이팬에 식용유를 두르고 중간 불에서 달군 다음 ①의 양면을 노르스름하게 굽는다. 고기가 익으면 양하 단촛물 절임을 넣고 단촛물을 끼얹는다.

응용 레시피 2

차조기 된장 볶음밥

재료 4인분

참기름 약간
따뜻한 밥 4공기 분량
잘게 썬 차조기 된장 절임 120g

만드는 법

1 프라이팬에 참기름을 두르고 중간 불에서 달군 다음 밥을 볶는다. 끝으로 차조기 된장 절임을 넣고 섞는다.

전갱이와 정어리

신선한 생선과 소금 그리고 올리브오일, 이 3가지 재료를 섞기만 해도 생선의 비린내는 사라지고 맛에 깊이가 더해집니다.

이 절임은 그대로 먹어도 맛있지만 조미료로 사용하면 깜짝 놀랄 만큼 요리의 감칠맛을 살리는 재료가 된답니다.

Horse mackerel & Sardine

> 기본 레시피 1

안초비풍의 전갱이 절임

STOCK　상온에서 6개월 저장 가능
USE IT　웩 사의 'Tulip Shape 200㎖'

재료 200㎖ 저장병 1개 분량

횟감용 전갱이 4마리
소금 1과 1/2작은술
올리브오일 적당량

만드는 법

1. 전갱이는 3장으로 포를 떠서 얇게 어슷썰기를 한다. 볼에 넣고 소금을 뿌린 다음 랩을 밀착시켜 덮고 냉장고에서 하룻밤 절인다.
2. ①의 물기를 제거하고 저장병에 담은 다음 잠길 정도까지 올리브오일을 붓는다. 뚜껑을 닫고 탈기한 다음 일주일간 숙성시킨다.

> 기본 레시피 2

정어리 오일 절임

STOCK　상온에서 3개월 저장 가능
USE IT　웩 사의 'Tulip Shape 500㎖'

재료 500㎖ 저장병 1개 분량

정어리 4마리
소금 1큰술
올리브오일, 카놀라유 각 200㎖

만드는 법

1. 정어리는 머리와 내장을 제거하고 3~4조각으로 토막 낸다. 소금을 뿌리고 냉장고에서 20분 정도 절인 다음 물기를 완전히 제거한다.
2. 냄비에 올리브오일과 카놀라유, ①을 넣고 중간 불에서 끓인다. 끓어오르면 약한 불로 줄이고 뚜껑을 덮은 다음 30분간 더 끓인다. 저장병에 담고 뚜껑을 닫은 다음 탈기한다.

- 오일이 부족하면 올리브오일과 카놀라유를 같은 비율로 더해도 좋다.

응용 레시피 1

정어리 오일 절임 덮밥

재료 4인분

뼈를 발라내고 굵게 부순 정어리
오일 절임 12토막
발사믹 식초 4큰술
버터 2큰술
간장 약간
잘게 썬 차조기 8장
새싹채소 적당량
따뜻한 밥 4공기 분량

만드는 법

1 프라이팬에 정어리 오일 절임을 넣고 중간 불에서 살짝 볶는다. 발사믹 식초를 넣고 1~2분간 더 볶은 다음 버터와 간장을 넣고 불을 끈다. 남은 열로 버터가 녹으면 전체에 섞고 차조기를 넣는다.

2 그릇에 밥을 담고 새싹채소와 ①을 올린다.

> 응용 레시피 2

안초비 감자 샐러드

재료 4인분

한입 크기로 썬 감자 2개
으깬 마늘 1쪽
안초비풍의 전갱이 절임 오일 1큰술
잘게 썬 안초비풍의 전갱이 절임 50g
A ┌ 사워크림 30g
  └ 다진 딜 약간

만드는 법

1. 냄비에 감자와 잠길 정도의 물을 붓고 중간 불에서 감자가 부드러워질 때까지 삶는다. 감자가 익으면 삶은 물을 버리고 센 불에서 볶으면서 수분을 날린다.

2. 프라이팬에 안초비풍 전갱이 절임의 오일과 마늘을 넣고 약한 불에서 볶다가 향이 나기 시작하면 마늘을 꺼낸다. 안초비풍의 전갱이 절임을 넣고 볶은 다음 약간 노르스름해지면 ①을 넣고 가볍게 볶는다. 미리 저어둔 A를 넣고 잘 섞는다.

가을

Autumn

양배

숙성되기 전, 아직 덜 익은 초가을의 양배는 딱딱하고 뻑뻑한 식감을 갖고 있지만 콩포트로 만들면 과즙을 머금은 부드러운 과일로 새롭게 태어나게 됩니다. 이번에는 스파이스를 넣어 어른스러운 맛을 내볼까 합니다. 이 특유의 향이 요리에 감칠맛을 더한답니다.

> 기본 레시피

양배 스파이시 콩포트

STOCK 상온에서 3개월 저장 가능
USE IT 보르미올리 로코 사의 'Feed Jar 1000㎖'

만드는 법

1 양배는 껍질을 벗기고 반달 모양으로 6등분한다.

2 냄비에 ①과 A를 넣고 중간 불에서 끓으면 약한 불로 줄여 15~20분간 더 끓인다.

3 저장병에 ②와 레몬을 담고 뚜껑을 닫은 후 탈기한다.

재료 1000㎖ 저장병 1개 분량

양배 4개
A ┌ 화이트와인 200㎖
  │ 물 250㎖
  │ 레몬즙 1큰술
  │ 설탕 100g
  │ 꿀 60g
  │ 시나몬 스틱 2개
  └ 팔각 1개
얇게 썬 레몬 3장

> 응용 레시피 1

소고기 조림

재료 4인분

얇게 썬 소고기 300g
소금 1작은술
후추 약간
레드와인 200㎖
버터 30g
얇게 썬 양파 1개
반으로 썬 양송이버섯 8개
밀가루 10g
양배 스파이시 콩포트의 시럽 120㎖
물 250㎖
양배 스파이시 콩포트 4쪽

만드는 법

1 소고기와 소금, 후추를 버무리고 레드와인 2큰술을 끼얹는다.

2 냄비에 버터와 양파를 넣고 중간 불에서 양파가 숨이 죽을 때까지 볶는다. 양송이버섯을 넣고 가볍게 볶은 다음 밀가루를 넣고 4~5분간 천천히 볶는다.

3 ②에 ①을 넣고 2~3분간 더 볶은 다음 남은 레드와인, 양배 콩포트 시럽을 넣고 한소끔 끓인다. 물을 넣고 30분 정도 조린 후 양배 콩포트를 넣고 5~6분간 조린 다음 불을 끈다.

> 응용 레시피 2

초콜릿 팬케이크

재료 4인분

팬케이크 믹스 200g
A ┌ 우유 150㎖
　└ 달걀 1개
화이트 초콜릿 80g
생크림 200㎖
양배 스파이시 콩포트 적당량

만드는 법

1. 볼에 팬케이크 믹스와 A를 넣고 섞어 반죽을 만든 다음 팬케이크 8장을 굽는다.

2. 다른 볼에 화이트 초콜릿을 부숴 넣고 중탕으로 녹인다. 생크림은 거품기로 저어 70%까지(떠먹는 요구르트 정도) 거품을 낸 후 초콜릿과 같이 섞는다.

3. 접시 위에 ②와 양배 콩포트를 올린 팬케이크를 2장 겹친다. 콩포트의 팔각, 시나몬 스틱, 레몬으로 장식한다.

고구마

고구마는 계절에 상관없이 즐기는 인기 식재료지만 특유의 감칠맛과 부드러운 식감은 쌀쌀한 날씨에 더욱 진가를 발휘합니다. 고구마가 가진 천연 단맛은 다른 식재료와는 비교할 수 없는 달콤함을 자랑하지요.
가열해 조리한 뒤에도 비교적 영양분의 파괴가 적어서 퓌레로 만들면 크림이나 소스 대신 사용할 수 있어 응용할 수 있는 범위가 한층 넓어집니다. 특히 고기 요리와 곁들이면 아주 맛있습니다.

Sweet potato

기본 레시피

고구마 퓌레

STOCK   냉장고에서 1개월 저장 가능
USE IT   웩 사의 'Tulip Shape 1000㎖'

만드는 법

1. 잘 씻은 고구마는 껍질을 벗겨 1㎝ 두께로 썬다.
2. 냄비에 ①, 우유, 소금을 넣고 끓인다. 끓어오르기 시작하면 불을 줄여 고구마가 부드러워질 때까지 20~25분 정도 삶고 삶은 물은 버린다.
3. ②를 절굿공이 등으로 으깨고 버터를 섞는다. 저장병에 담고 뚜껑을 닫은 다음 탈기한다.

재료   1000㎖ 저장병 1개 분량

껍질 벗긴 고구마 700g
우유 300㎖
소금 약간
버터 30g

응용 레시피 1

고구마 뇨끼

재료 4인분

A ┌ 고구마 퓌레 400g
  │ 밀가루 200g
  └ 소금 1/4작은술
버터 30g
세이지(약용식물의 일종) 2줄기
거칠게 간 흑후추 약간

만드는 법

1 볼에 A를 넣고 밀가루가 남지 않도록 잘 섞어 반죽한다. 반죽을 지름 2㎝ 두께로 길게 늘여서 2㎝ 크기로 자르고 둥글게 빚은 다음 포크로 눌러 모양을 낸다.

2 냄비에 물을 끓이고 ①을 넣어 떠오르기 시작하면 체에 밭쳐 물기를 뺀다.

3 프라이팬을 약한 불에 달군 다음 버터를 녹이고 세이지 잎을 넣는다. 향이 나기 시작하면 ②를 넣어 버무리고 흑후추를 뿌린다.

> 응용 레시피 2

고구마 그라탱

재료 4인분

올리브오일 1큰술
다진 양파 1/4개
다진 소고기와 돼지고기 300g
소금 1/2작은술
케첩 2큰술
고구마 퓌레 400g
화이트소스(시판 제품) 200g
피자 치즈 150g

만드는 법

1. 프라이팬에 올리브오일을 두르고 중간 불에서 양파가 숨이 죽을 때까지 볶는다. 다진 고기를 넣어 볶고 익기 시작하면 소금과 케첩을 넣고 볶는다.
2. 그라탱 접시에 ①과 퓌레를 번갈아 가면서 두 번 쌓고 윗면을 평평하게 고른다. 그다음 화이트소스와 피자 치즈를 올리고 200℃로 예열한 오븐에서 25분간 굽는다.

밤

담백한 감칠맛을 가진 밤에 메이플 시럽을 첨가해 풍미가 살아 있는 콩포트를 만들었습니다. 밤과 메이플은 둘 다 나무에서 채취한 재료이기 때문에 궁합이 잘 맞습니다.

설탕에 졸이면 단맛이 너무 강해서 밤의 담백한 맛을 제대로 느끼기 어렵지만 메이플 시럽에 졸인 밤은 첫맛도 끝 맛도 아주 깔끔하답니다. 대지에 뿌리를 내리듯 서로의 맛에 깊이를 더해주지요. 여기에 소금을 한 꼬집 넣으면 단맛이 한층 깊어집니다.

Chestnut

기본 레시피

밤과 메이플 콩포트

STOCK 상온에서 3개월 저장 가능
USE IT 보르미올리 로코 사의 'Feed Jar 750㎖'

재료 750㎖ 저장병 1개 분량

밤 500g
A ┌ 메이플 시럽 200g
  │ 설탕 120g
  │ 물 500㎖
  └ 소금 약간

만드는 법

1 볼에 밤을 넣고 뜨거운 물을 부어 그대로 식힌다. 부드러워지면 칼로 겉껍질을 벗기고 물에 불려 속껍질을 벗긴다.

2 냄비에 적당량의 물(분량 외)과 ①을 넣고 끓어오르면 약한 불로 줄여서 5분간 삶은 다음 물에 30분 정도 담가둔다.

3 다른 냄비에 A를 넣고 끓어오르면 ②를 넣는다. 한소끔 끓어오르면 약한 불로 줄이고 뚜껑을 덮은 다음 30분간 조린다. 저장병에 담고 뚜껑을 닫은 다음 탈기한다.

> 응용 레시피 1

보틀 티라미수

재료 4인분

A ┌ 인스턴트커피 1큰술
  └ 수수설탕(또는 설탕), 뜨거운 물 각 2큰술
생크림 100㎖
수수설탕(또는 설탕) 50g
마스카르포네 치즈 200g
비스킷(시판 제품) 5장
밤과 메이플 콩포트 12알
밤과 메이플 콩포트(장식용) 4알
코코아 파우더 적당량

만드는 법

1 작은 냄비에 A를 넣고 중간 불에서 1~2분간 끓여 시럽을 만든다.

2 생크림에 설탕을 넣고 거품기로 저어 60% 정도까지 거품을 낸 다음 마스카르포네 치즈를 넣고 섞는다.

3 보틀에 ② → 비스킷 → ①을 순서대로 쌓고 부순 밤 콩포트를 올린다. 동일한 작업을 한 번 더 반복하고 마지막으로 ②와 장식용 밤 콩포트를 올린 다음 코코아 파우더를 뿌린다.

> 응용 레시피 2

돼지갈비 구이

재료 4인분

돼지갈비 500g
소금 1/2작은술
후추 약간
올리브오일 1큰술
로즈메리 1줄기
화이트와인 50㎖
밤과 메이플 콩포트의 시럽 2큰술
밤과 메이플 콩포트 8알

만드는 법

1 돼지갈비에 소금, 후추를 뿌리고 버무린다.

2 프라이팬에 올리브오일과 로즈메리를 넣고 중간 불에서 ①을 굽되 고기 전체에 색이 날 때까지 앞뒤로 굽는다.

3 화이트와인과 콩포트 시럽을 넣고 뚜껑을 덮은 다음 20분 정도 찐다. 끝으로 밤 콩포트를 넣고 잘 섞는다.

버섯

버섯은 생으로 먹어도 좋고 익혀 먹어도 맛있지만 오일에 절이면 수분이 적당히 빠져나와 맛과 향이 한층 좋아집니다. 흔히 접하는 평범한 버섯도 이렇게 저장해두면 값비싼 버섯에 지지 않을 만큼 맛있어진답니다. 한 종류보다 여러 가지 버섯을 사용하면 더 깊은 맛과 다양한 식감을 즐길 수 있습니다.
각자 좋아하는 버섯으로 영양 만점 버섯 저장식에 도전해봅시다.

Mushroom

> 기본 레시피

버섯 마리네

STOCK 실온에서 1개월 저장 가능
USE IT 르 파르페 사의 'Double Cap Jar 500cc'

만드는 법

1. 버섯은 밑동을 자르고 손으로 적당히 찢거나 먹기 좋은 크기로 썬다.

2. 프라이팬에 올리브오일, 마늘, 로즈메리, 홍고추를 넣고 약한 불에서 볶다가 향이 나기 시작하면 ①을 넣고 숨이 죽을 때까지 10분 정도 천천히 익힌다. 소금, 흑후추로 간을 하고 저장병에 담은 다음 뚜껑을 닫고 탈기한다.

• 오일이 부족하면 적당량의 올리브오일을 더해도 좋다.

재료 500㎖ 저장병 1개 분량

좋아하는 버섯(새송이버섯, 표고버섯, 만가닥버섯 등) 400g
올리브오일 150㎖
얇게 편 썬 마늘 1쪽
로즈메리 1줄기
홍고추 1개
소금 1/2작은술
굵게 간 흑후추 약간

> 응용 레시피 1

버섯 감바스

재료 4인분

버섯 마리네 200g
껍질과 내장을 제거한 새우 12마리
올리브오일 50㎖

만드는 법

1 바닥이 두꺼운 냄비에 버섯 마리네, 새우, 올리브오일을 넣고 중간 불에서 가열한다. 끓기 시작하면 약한 불로 줄이고 15분 정도 더 끓인다. 버섯 마리네 속 로즈메리를 올려 장식해도 좋다.

> 응용 레시피 2

닭 간 페스토

재료 만들기 쉬운 분량

버섯 오일 마리네의 오일 약간
다진 양파 1/4개
다진 셀러리 10㎝
버섯 마리네 100g
전처리한 닭 간 400g
레드와인 30㎖
소금 1작은술
후추 약간

만드는 법

1 프라이팬에 마리네 오일을 두르고 중간 불에서 양파, 셀러리를 가볍게 볶는다. 버섯 마리네, 닭 간, 레드와인을 넣고 센 불에서 조리고 소금, 후추로 간을 한 다음 한 김 식힌다.

2 ①을 푸드프로세서에 넣고 곱게 간다.

꽁치

영양이 풍부하고 가격까지 저렴해서 환절기에 많이 찾는 꽁치. 10월, 11월엔 살이 통통하게 차올라 그 맛이 일품이지요.
매콤달콤하게 조려 살을 다져서 저장병에 담아두면 다진 고기 대신 사용해도 좋고 그대로 먹어도 아주 맛있습니다. 술이 생각나는 가을날, 안주로도 딱입니다.
가을의 긴 밤을 꽁치와 함께 해봅시다.

> 기본 레시피

매콤달콤한 꽁치 볶음

STOCK　냉장고에서 3주 저장 가능
USE IT　르 파르페 사의 'Double Cap Jar 350cc'

만드는 법

1　꽁치는 반으로 토막 낸다.

2　냄비에 청주와 생강을 넣고 끓어오르면 ①을 넣고 15분 정도 익힌다. 한 김 식으면 껍질과 뼈를 제거하고 살만 발라내 잘게 부순다.

3　다른 냄비에 A를 넣고 끓인 다음 ②를 넣고 수분이 없어져 보슬보슬해질 때까지 볶는다. 저장병에 담고 뚜껑을 닫은 다음 탈기한다.

재료　350㎖ 저장병 1개 분량

꽁치 4마리
청주 100㎖
생강 1쪽
A ┌ 청주, 미림, 간장 각 2큰술
　└ 생강즙 1작은술

> 응용 레시피 1

비빔 탄탄면

재료 4인분

중국 국수 4개
A ┌ 무조정 두유 120㎖
　├ 참깨 페스토 40g
　└ 치킨스톡 3g
매콤달콤한 꽁치 볶음 180g
쫑쫑 썬 쪽파 적당량
간 깨 적당량

만드는 법

1 중국 국수는 봉지에 표시된 시간대로 삶아서 체에 밭쳐둔다.

2 작은 냄비에 A를 넣고 한소끔 끓인다.

3 그릇에 ①을 담고 꽁치 볶음와 쪽파를 얹은 다음 깨를 뿌린다. ②를 붓고 비비면서 먹는다.

> 응용 레시피 2

마파두부 조림

재료 4인분

두부 1모(300g)
대파 10㎝
참기름 2큰술
A ┌ 다진 양파 1/4개
  │ 다진 생강 1쪽
  └ 두반장 1/4작은술
매콤달콤한 꽁치 볶음 30g
물 150㎖

만드는 법

1 두부는 깍둑썰기를 하고 대파는 어슷하게 썬다.

2 프라이팬에 참기름과 A를 넣고 약한 불에서 볶는다. 향이 나기 시작하면 꽁치 볶음, ①, 물을 넣고 중간 불에서 끓인다. 가끔 섞어주면서 15분 정도 조린다.

겨울

Winter

사과

사과는 주로 콩포트에 많이 사용하지만 설탕에 버무려 갈색의 캐러멜리제를 만들어도 맛있게 먹을 수 있습니다. 요리나 케이크에 풍부한 맛을 더해주죠.
파티 시즌 전에 꼭 만들어두세요.

> 기본 레시피

사과 캐러멜리제

STOCK 냉장고에서 3개월 저장 가능
USE IT 웩 사의 'Tulip Shape 500㎖'

재료 500㎖ 저장병 1개 분량

사과 작은 것 4개
설탕 100g
버터 100g
레몬즙 2큰술

만드는 법

1. 사과는 잘 씻어서 반달 모양으로 8등분한다.
2. 프라이팬에 설탕을 넣고 센 불에 올려 캐러멜을 만든다.
3. ②에 ①을 넣고 10분 정도 끓인다. 수분이 생기기 시작하면 버터와 레몬즙을 넣고 10분 정도 더 조린다. 저장병에 담고 뚜껑을 닫은 다음 탈기한다.

응용 레시피 1

돼지고기 롤 구이

재료 4인분

얇게 썬 돼지 등심 12장
소금, 후추 약간
사과 캐러멜리제 12조각
올리브오일 1큰술

만드는 법

1 돼지고기는 넓게 펼쳐 소금, 후추를 뿌리고 사과 캐러멜리제 1조각을 올려 만다.
2 프라이팬에 올리브오일을 두르고 중간 불에서 ①의 돼지고기로 감은 부분이 아래를 향하게 놓고 굴려 가면서 롤이 완전히 익을 때까지 굽는다.

응용 레시피 2

사과 컵케이크

재료 4인분

버터 60g
수수설탕(또는 설탕) 90g
달걀 1개
A ┌ 밀가루 100g
  │ 아몬드파우더 50g
  └ 베이킹파우더 5g
사과 캐러멜리제 12조각

만드는 법

1 볼에 실온 상태의 부드러운 버터와 설탕을 넣고 섞는다. 잘 푼 달걀을 두 번에 나눠 넣으면서 섞는다. 체에 친 A를 두세 번에 나눠 넣고 가루 재료가 남지 않도록 고무 주걱으로 잘 섞는다.

2 머핀 컵에 ①을 균일하게 나눠 담고 사과 캐러멜리제를 올린 다음 180℃로 예열한 오븐에서 13분, 160℃ 오븐에서 8분간 굽는다.

귤

하나 두 개 까먹다보면 어느새 없어져버리는 귤. 시럽에 절이면 귤 알맹이 한 알 한 알이 보동보동 부풀어 올라 입 안에서 톡톡 터집니다. 마치 귤 통조림 같은 맛이 날 것 같지만 통조림과 비교가 되지 않을 정도로 맛있답니다.

Mandarin orange

기본 레시피

귤 콩포트

STOCK　상온에서 3개월 저장 가능
USE IT　보르미올리 로코 사의 'Q.S Jar 0.5ℓ'

재료 500㎖ 저장병 1개 분량

귤 작은 것 10개
베이킹소다 1작은술
물 500㎖
설탕 500g
레몬즙 1과 1/2큰술

만드는 법

1　귤은 껍질을 벗기고 흰 부분을 제거한다.

2　바닥이 두꺼운 냄비에 물 600㎖(분량 외)를 끓이고 베이킹소다를 녹인 다음 ①을 넣고 2분간 데친다. 아래위를 뒤집어 2분간 더 데친 뒤 체에 받쳐 흰 부분을 깨끗하게 제거한다.

3　다른 냄비에 물을 끓이고 설탕을 녹인 다음 ②와 레몬즙을 넣고 불을 꺼 식힌다. 저장병에 담고 뚜껑을 닫은 다음 탈기하고 일주일간 숙성시킨다.

> 응용 레시피 1

닭다리살 귤 오븐 구이

재료 4인분

한입 크기로 썬 닭다리살 2장
소금, 후추 약간씩
귤 콩포트 4덩이
올리브오일 2큰술

만드는 법

1 닭다리살에 소금, 후추를 뿌린다.

2 내열성 그릇에 ①과 반으로 썬 귤 콩포트를 넣고 올리브오일을 두른다. 200℃로 예열한 오븐에서 30분 정도 굽는다.

> 응용 레시피 2

귤 젤리

재료 4인분

화이트와인 300㎖
귤 콩포트의 시럽 200㎖
가루 젤라틴 10g
귤 콩포트 4덩이
민트 적당량

만드는 법

1. 냄비에 화이트와인을 한소끔 끓이고 귤 콩포트의 시럽을 섞은 다음 가루 젤라틴을 넣어 녹인다. 그다음 볼에 옮기고 얼음물에 담가 식힌다.

2. 준비한 컵 4개에 ①을 조금씩 붓고 냉장고에서 굳힌다. 귤 콩포트를 각 컵에 1개씩 넣고 남은 ①을 균일하게 나눠 부은 다음 다시 냉장고에서 굳히고 민트로 장식한다.

연근과 우엉

연근과 우엉은 땅의 기운을 그대로 받고 자란 뿌리채소 특유의 흙 내음과 아삭한 식감을 갖고 있습니다. 먹기 좋은 크기로 잘라 숙성된 된장만 더해도 그 맛과 향이 한결 부드러워지지요. 또한 숙성을 거치며 섬유질이 연해져서 식감 역시 더 좋아집니다.
감칠맛이 속속 배어 있어 다져 사용하면 이것 하나만으로도 맛있어지는 만능 조미료가 됩니다.

Lotus root & Burdock

> 기본 레시피

연근과 우엉 된장 절임

STOCK 상온에서 3개월 저장 가능
USE IT 보르미올리 로코 사의 'Q.S Jar 0.25ℓ'

재료 250㎖ 저장병 2개 분량

연근 120g
우엉 1개
소금 약간
A ┌ 된장 150g
  │ 설탕 50g
  └ 간 생강 1/2작은술

만드는 법

1 연근은 큼지막하게 썰고 우엉은 5~6㎝ 길이로 썰어 다시 길게 반으로 썬다.

2 끓는 물에 소금과 ①을 넣고 6~7분 정도 데친 다음 물기를 제거한다. A와 섞어 저장병에 담고 뚜껑을 닫은 다음 탈기하고 10일간 숙성시킨다.

응용 레시피 1

된장 고등어조림

재료　4인분

청주 200㎖
얇게 편 썬 생강 4장
고등어 4토막
우엉 된장 절임 8조각
연근 된장 절임 4조각
연근과 우엉 된장 절임의 된장 80g

만드는 법

1 냄비에 청주, 생강을 한소끔 끓이고 고등어, 우엉과 연근 절임, 된장을 넣고 섞는다.
2 뚜껑을 덮고 약한 불에서 20분간 조린다.

> 응용 레시피 2

뿌리채소 무침

재료　4인분

두부 1모(300g)
참깨 페스토 2큰술
흰 된장(시로 미소) 1과 1/2큰술
사방 1㎝ 크기로 썬 연근과
우엉 된장 절임 100g

만드는 법

1 푸드프로세서에 물기를 제거한 두부, 참깨 페스토, 흰 된장을 넣고 곱게 간다.
2 ①에 연근과 우엉 된장 절임을 넣고 버무린다.

대파

매우면서도 달콤한 맛을 가진 파.
파는 저장식으로 담그기 전에 굽고 오일에 절여두면 단맛이 훨씬 깊어집니다. 파가 가장 맛있는 계절인 겨울에 많이 만들어서 저장병에 담아두면 그때그때 아주 유용하게 쓰인답니다. 참고로 만든 오일은 향을 내는 오일로 따로 사용할 수도 있습니다.

Green onion

> 기본 레시피

대파 마리네

STOCK 실온에서 3개월 저장 가능
USE IT 르 파르페 사의 'Terrine Jar 500cc'

재료 500㎖ 저장병 1개 분량

대파 6개
소금 1/2작은술
흑후추 약간
올리브오일 적당량

만드는 법

1 대파는 5㎝ 길이로 썬다.

2 내열그릇에 ①을 담고 소금, 흑후추를 뿌린 다음 올리브오일 2큰술을 두른다. 180℃ 예열한 오븐에서 25분간 굽는다.

3 저장병에 ②를 담고 올리브오일을 잠길 정도까지 붓는다. 뚜껑을 닫고 탈기한 다음 한 달 정도 숙성시킨다.

> 응용 레시피 1

판체타 수프

재료 4인분

물 600㎖
1㎝ 폭으로 썬 대파 마리네 100g
삶은 흰 강낭콩 160g
굵게 다진 판체타(이탈리아 베이컨) 60g
올리브오일 1큰술
소금 1/4작은술
다진 파슬리 약간

만드는 법

1. 냄비에 물, 대파 마리네, 흰 강낭콩, 판체타, 올리브오일을 넣고 불에 올려 한소끔 끓인다. 소금으로 간을 하고 파슬리를 뿌린다.

> 응용 레시피 2

방어 찜

재료 4인분

다시마 4장
방어 4토막
대파 마리네 150g
올리브오일 2큰술
청주 2큰술
딜 적당량

만드는 법

1 다시마는 물에 살짝 적신다.

2 프라이팬에 다시마를 깔고 방어, 대파 마리네를 순서대로 올린 뒤 올리브오일과 청주를 붓고 중간 불에서 7~8분간 굽는다. 그릇에 담고 딜로 장식한다.

대구

도톰하고 담백한 살과 쫀득한 식감을 자랑하는 대구. 소금과 오일로 수분을 제거하면 대구 특유의 비린내가 없어지고 단맛이 더해져 감칠맛이 월등히 높아집니다. 이를 베이스로 사용한 이국적인 요리를 만나봅시다.

> 기본 레시피

대구 오일 절임

STOCK 냉장고에서 3개월 저장 가능
USE IT 킬너 사의 'Round Clip Top Jar 0.5ℓ'

재료 500㎖ 저장병 1개 분량

대구 4토막(520g)
소금(대구 무게의 5%)
올리브오일 적당량

만드는 법

1. 대구에 소금을 뿌리고 1시간 정도 절인다.
2. ①의 소금을 털어내고 키친타월로 싸서 30분 정도 수분을 제거한다.
3. 저장병에 ②를 담고 올리브오일을 잠길 정도까지 붓는다. 뚜껑을 닫고 탈기한 다음 한 달 정도 숙성시킨다.

> 응용 레시피 1

대구 크로켓

재료 4인분

감자 작은 것 4개
대구 오일 절임 100g
밀가루, 빵가루, 올리브오일 적당량
크레송(물냉이) 적당량

만드는 법

1 감자는 껍질을 벗기고 부드러워질 때까지 삶은 다음 으깬다.

2 대구 오일 절임은 껍질과 뼈를 제거하고 ①과 섞은 다음 10등분해서 둥글린다.

3 ②를 밀가루→빵가루 순으로 입힌 다음 170℃로 달군 올리브오일에 바삭하게 튀겨낸다. 그릇에 담고 크레송을 장식으로 곁들인다.

응용 레시피 2

대구 찜

재료 4인분

대구 오일 절임 2토막
올리브오일 2큰술
얇게 썬 토마토, 다진 노랑 파프리카,
케이퍼 약간씩

만드는 법

1 대구 오일 절임을 미지근한 물에 1시간 정도 담가 소금기를 뺀 다음 물기를 제거한다.

2 바닥이 두꺼운 프라이팬에 올리브오일을 두르고 약한 불에서 ①을 넣고 20분 정도 천천히 익힌다. 마무리로 토마토, 파프리카, 케이퍼를 올린다.

사진 테라사와 타로 하라다 타카시 나카바야시 카오리
취재 모로이 마미
레시피 개발 에구치 케이코
푸드스타일링 츠가네 유키코
원서 편집 히라이 아카네

탐나는 볼트 쿠킹

초판 1쇄 인쇄 2018년 7월 9일
초판 1쇄 발행 2018년 7월 16일

지은이 JBOOKS 편집부
옮긴이 김상애
펴낸이 이범상
펴낸곳 ㈜비전비엔피·이덴슬리벨

기획편집 이경원 심은정 유지현 김승희 조은아 김다혜 배윤주
디자인 김은주 조은아 임지선
마케팅 한상철
전자책 김성화 김희정 김재희
관리 이성호 이다정

주소 우) 04034 서울시 마포구 잔다리로7길 12 (서교동)
전화 02) 338 – 2411 **팩스** 02) 338 – 2413
홈페이지 www.visionbp.co.kr
인스타그램 www.instagram.com/visioncorea
포스트 post.naver.com/visioncorea
이메일 visioncorea@naver.com
원고투고 editor@visionbp.co.kr

등록번호 제2009 – 000096호

ISBN 979 – 11 – 88053 – 31 – 5 (13590)

· 값은 뒤표지에 있습니다.
· 파본이나 잘못된 책은 구입처에서 교환해 드립니다.

이 도서의 국립중앙도서관 출판시도서목록(CIP)은 서지정보유통지원시스템 홈페이지(http://seoji.nl.go.kr)와 국가자료공동목록시스템(http://www.nl.go.kr/kolisnet)에서 이용하실 수 있습니다.(CIP제어번호 : CIP2018016575)